WINSTON
CHURCHILL
AN ILLUSTRATED LIFE

温斯顿·丘吉尔
一 位 政 治 家 的 成 长

〔英〕布兰达·刘易斯（Brenda Lewis）◎著

薛 晓　徐玉辉 ◎译

ZHEJIANG UNIVERSITY PRESS
浙江大学出版社

图书在版编目（CIP）数据

温斯顿·丘吉尔：一位政治家的成长 /（英）布兰达·刘易斯（Brenda Lewis）著；薛晓，徐玉辉译. —杭州：浙江大学出版社，2019.8
书名原文：Churchill: An Illustrated Life
ISBN 978-7-308-18666-7

Ⅰ. ①温… Ⅱ. ①布… ②薛… ③徐… Ⅲ. ①丘吉尔
（Churchill, Winston Leonard Spencer 1874-1965）—传记
Ⅳ. ① K835.617=5

中国版本图书馆 CIP 数据核字（2018）第 222310 号

浙江省版权局著作权合同登记图字：11–2018–277 号

温斯顿·丘吉尔：一位政治家的成长

[英]布兰达·刘易斯　著　薛　晓　徐玉辉　译

责任编辑	罗人智	
责任校对	闻晓虹	
出版发行	浙江大学出版社	
	（杭州市天目山路 148 号　邮政编码 310007）	
	（网址：http://www.zjupress.com）	
排　　版	西风文化工作室	
印　　刷	浙江印刷集团有限公司	
开　　本	880mm×1230mm　1/32	
印　　张	11	
字　　数	235 千	
版 印 次	2019 年 8 月第 1 版　2019 年 8 月第 1 次印刷	
书　　号	ISBN 978-7-308-18666-7	
定　　价	68.00 元	

版权所有　翻印必究　印装差错　负责调换
浙江大学出版社市场运营中心联系方式（0571）88925591；http://zjdxcbs.tmall.com.

目录

第 **3** 章
政客丘吉尔

1900年，丘吉尔如愿进入议会，但他有关社会福利的"社会主义思想"使得他成为所在的保守党中的异类，饱受排挤。令许多人更加难以释怀的是他于1904年加入自由党这一"跨越鸿沟"的举动。丘吉尔仕途一路顺风顺水，很快便平步青云。到1908年丘吉尔结婚的时候，他已经成为大英帝国政府大臣以及内阁成员。

第 **4** 章
第一次世界大战

1911年到1929年，丘吉尔经历了政治生涯中最严酷的时代。1915年达达尼尔海峡战役失败后，丘吉尔被迫从第一海军大臣的位置上辞职。在1926年的大罢工期间，许多工人也开始仇恨丘吉尔。1929年，丘吉尔暂时离开了内阁，也远离了大不列颠的政坛中心近十年之久。

第5章
在野十年

20世纪30年代，丘吉尔逐渐远离了英国的政治权力中心。他坚信德国纳粹政权企图征服欧洲，对英国政府奉行的绥靖政策愈发不满。他的担忧终于在1939年9月3日变成事实，德国入侵波兰，第二次世界大战爆发。

第6章
最光辉的时刻

1939年，丘吉尔重返大英帝国权力中枢；1940年，他执掌首相之印。此时摆在他面前的是一条充满荆棘的道路，丘吉尔需要竭尽全力去开拓，需要带领英国民众为了生存而战。与此同时，在欧洲大陆上，纳粹兵锋所向披靡，到1940年中期，只有英国一个国家孤零零地站在纳粹德国面前。

第7章
孤军奋战的英国

从1940年6月22日法国投降，至1941年6月22日德军展开"巴巴罗萨"行动入侵苏联，把苏联拖入战争，整整一年时间，英国人始终是孤军奋战。在这一年中，英国皇家空军赢得了不列颠空战的胜利，挫败了纳粹德国的入侵，但英国的城镇则饱受德军闪电战空袭的打击。

第8章
全面战争

随着1941年6月德国入侵苏联，以及1941年12月7日日本偷袭珍珠港，美国对日宣战，英国终于迎来了两个强大的盟友：苏联和美国。1941年12月8日，丘吉尔履行了和罗斯福总统曾于11月签订的协议，对日宣战。在经历了最初的措手不及后，战事逐渐开始转向对盟军有利的态势。

第 **9** 章
霸王行动

北非的战事于1943年结束，同年，盟军登陆西西里岛和意大利本土，墨索里尼政府垮台，意大利投降。英国首相温斯顿·丘吉尔、美国总统富兰克林·罗斯福以及东线战场苏联的领导人约瑟夫·斯大林进行了多次会谈，召开了一系列的会议，讨论如何对纳粹德国进行彻底的决定性的打击，并最终决定于1944年6月6日在诺曼底登陆，代号"霸王行动"。

第 **10** 章
胜利之路

整个1944年，丘吉尔亲眼见证了盟军在法国、意大利、德国莱茵河岸边的胜利。与此同时，英国也面临着德国V-1、V-2飞弹的威胁。除此之外，丘吉尔最为担心的是欧洲大陆将会陷入苏联人的统治。不管怎样，丘吉尔终于等来了期待已久的那一刻，1945年春天，漫漫长夜终将破晓，第二次世界大战快要结束了。

第**11**章
诸事不顺

1945年对于丘吉尔而言，可谓是喜忧参半，这一年，他经历了胜利和失败的大起大落。1945年5月，欧洲战事结束，纳粹德国无条件投降，六年战争终于盼来了胜利。然而在7月进行的英国大选中，保守党一败涂地。诸事不顺的丘吉尔还在顽强地战斗着，粉碎那些关于他身体不好的谣言，粉碎自己对欧洲赤化的恐惧。

第**12**章
烈士暮年

丘吉尔担任第二任首相的任期内，主要任务是调和冷战的两方敌手：美国与苏联。然而，他只能眼睁睁地看着美苏两国关系愈紧张而无力回天，终于在1955年抱憾卸任。在生命的最后十年内，丘吉尔终于得以放松身心，颐养天年。1965年1月，伟人溘然长逝，荣耀永存世间。

后 记

丘吉尔
一生传略

这张照片摄于1918年10月，丘吉尔作为军需大臣造访里尔，当时第一次世界大战已接近尾声。一架德军飞机在丘吉尔居住的房子附近投下一枚炸弹，但幸运的是丘吉尔安然无恙。

　　丘吉尔出身贵胄，乃名门之后，倘若他和他家族中大多数的男性一样，在四十岁时便走到人生的尽头，此时盖棺论定的他是一名才华横溢但又特立独行的失败者；然而，与家族其余众人不同的是，丘吉尔此后还有大约五十年的辉煌人生，从而在大英帝国和世界历史上占据了独一无二的位置，留下浓墨重彩的一笔。

　　转折往往在很短的一段时间内发生，人的命运从此便判若云泥。从1940年到1945年，第二次世界大战间的这五年，是丘吉尔担任英国首相的五年，也是整个西欧大陆笼罩在纳粹阴云下的五年。在此之前，丘吉尔早早就认识到纳粹和他们的领导者希特勒的危险，他抓住一切机会把并不乐观的真相告诉英国政府，呼吁当时正奉行绥靖政策的政府要积极对抗希特勒和纳粹，而不是步步退让试图安抚。他一遍遍地奔走疾呼，让英国立即整顿军备以对抗纳粹德国的重新武装。然而，他的呼吁得不到任何回应，其余的政客们都在作壁上观，对他的警告置若罔闻，甚至还把他当作受了政治刺激的怪人。

　　丘吉尔可谓生逢其时，甚至在年轻时候便已崭露头角；他渴望荣耀，却并不墨守成规；他不甘平庸，是一名天生的麻烦制造者；他是一位典型的贵族，品味颇受好评；他是一个野心勃勃的机会主义者，又努力去创造机会；他是一个乐于自我宣传的人，常用不拘一格的"非英式"的方式推广自己。

政坛上初露锋芒的丘吉尔。丘吉尔具备成为一名伟大的政治家的潜能。身材比较矮小的他，喜欢在演说时用雄壮的语言和自信的态度来彰显自己。

20世纪30年代，丘吉尔坚决地反对绥靖政策，因此也被有些人贴上"战争贩子"的标签。那段时光，是丘吉尔远离朝堂、远离权力中心的"茫然岁月"。和神话中的卡桑德拉一样（希腊神话中的人物，凡她说出口的预言将全部实现，然而谁也不会信以为真），他的预言虽然准确，却似乎命中注定无人理睬。但命运对丘吉尔依旧有所眷顾，并未让他经历卡桑德拉般无休止的煎熬。1939年9月战争的爆发向世人证实了丘吉尔的预言的准确，同时宣告了英国政府绥靖政策的荒谬。1940年5月，丘吉尔就任英国首相，可谓受命于危难之间，几周之内，纳粹军队席卷法国，兵锋直指英吉利海峡，此时的英国局势危若累卵。上台之时，他毫无保留地告诉民众，他们必须要面对愁云密布的未来。5月13日，丘吉尔在议会上如是说道："我能奉献的唯有热血、辛劳、泪水和汗水。我们面临的将是一场极为残酷的考验，我们面临的将是旷日持久的斗争和苦难。你若问：我们的政策是什么？我的回答是：在陆上、海上、空中作战。尽我们的全力，尽上帝赋予我们的全部力量去作战，对人类黑暗、可悲的罪恶史上空前凶残的暴政作战。这就是我们的政策。你若问：我们的目标是什么？我可以用一个词来概括，那就是胜利。不惜一切代价去夺取胜利，克服一切恐惧去夺取胜利，不论前路再长、再苦也要夺取胜利，因为没有胜利就无法生存！"

　　丘吉尔的爱国主义精神和勇气极大地鼓舞了英国人民。在这段黑暗的日子里，丘吉尔的演说始终慷慨激昂，毫无妥协退让情绪，因此被人称作充满"斗牛犬精神"。

　　丘吉尔将在二战中领导大英帝国视为自己的天降大任，他感觉，他的一生都在为这"最好的时光"准备着，努力着，直到命运真的降临的那一刻。诸多迹象表明，1889年那个在哈罗公学读书的15岁少年终将登上历史舞台。彼时的他，在父母和一些老师眼中，算得上是一个顽劣少年，终日麻烦不断，少有表现规矩的时候；而

下页图：第二次世界大战期间，丘吉尔用他的抗争精神鼓舞了英国人民。他会定期去被德军轰炸的地区视察，赞扬那些家园和事业被德军摧毁的伦敦市民"坚韧的意志"。

他在哈罗公学的学长穆尔兰·伊万斯，则看到了许多不同的东西。伊万斯清楚地记得："和其他当时在哈罗就读的学生一样，我完全被这个非凡的男孩吸引了。他的智慧才能；他的勇敢，魅力，以及面对恶劣环境时的冷静；灵活生动的想象力，细致入微的表达力，对世界和历史的洞察力——他总能给出自己独特的一针见血的见解，往往还令人信服；最让人印象深刻的还是他眼睛中时刻闪耀的充满吸引力和同情的目光——他独特的人格魅力，使得许多人都聚集在他身边，其中有许多人在年龄和能力上实际都超过他，却也甘心唯他马首是瞻。"

本书讲述的是丘吉尔一生的道路：在命运之门开启之前，少年的丘吉尔如何走过他漫长而又充满挫折坎坷的荆棘之路；年长的丘吉尔，如何成为"异类"，在这条艰苦的道路上踽踽独行，并最终走向胜利，走出一片坦途。

对页图：1965年1月30日，英国为丘吉尔举行了国葬，这是第四位非皇室成员的国葬。超过350000名英国民众排队送别丘吉尔，为他送上最后的敬意。

第  章

少年
丘吉尔

温斯顿·丘吉尔出身显赫，是豪门贵胄之后，但他的童年过得并不快乐。父母忙于政治和交际，对他疏于关爱，年仅7岁的他便被送进纪律森严、责罚严厉的学校。直到20岁那年进入桑赫斯特皇家军事学院开始他的军事生涯，他才得以从这段不堪忍受的岁月中解脱出来。

　　温斯顿·伦纳德·斯宾塞·丘吉尔的漫长的一生总是充满了波折，连他的降生也是匆忙而富有戏剧性。1874年的英国正处于维多利亚时代，11月30日凌晨，丘吉尔降生于布莱尼姆宫，早产了两个多月，这座宏伟的宫殿是丘吉尔祖父马尔伯勒公爵七世的家，他的父亲伦道夫勋爵则是马尔伯勒公爵的第三个儿子。丘吉尔原本不应降生于此，伦道夫勋爵早已在伦敦安排好一切。伦道夫勋爵在伦敦美丽的查尔斯街租了一栋房子，那里既是伦敦上流社会人士经常出入的场所，也临近最好的产科医院。这一切的安排都被丘吉尔的母亲伦道夫·丘吉尔夫人11月份在参加牛津乡下的一次狩猎会时的意外滑倒打乱了，当时她已经怀孕七个月了。四天后，丘吉尔的母亲不顾他父亲的劝阻，执意要乘坐马车沿乡间小路赶回布莱尼姆宫。颠簸引发了早产，翌日凌晨，伦敦的产科医生还未来得及动身赶往布莱尼姆宫，丘吉尔便降生了。

　　丘吉尔的父母是新婚夫妇，他们结婚只有七个月，而之前也只认识了七个月。1873年8月12日，伦道夫勋爵与珍妮·杰罗姆在一次舞会上相识，当时的珍妮只有20岁，是《纽约时报》的一位股东伦纳德·杰罗姆的女儿。这位伦纳德先生同时还经营赛马。伦道夫勋爵对漂亮活泼、身材匀称的珍妮一见钟情，而这位英国来的幽默又不失稳重的绅士也一下子俘获了少女的芳心，两人在三日后便闪电般地订婚了。

　　在伦纳德·杰罗姆看来，伦道夫勋爵是一位杰出的英国公爵

对页图：幼年的温斯顿·丘吉尔和母亲珍妮。照片中丘吉尔和母亲关系非常亲密，但实际上伦道夫夫人却难以称得上是一位称职的母亲。

约翰·丘吉尔，马尔伯勒家族的先祖，在1702年被英国安妮女王授予公爵爵位。

之子，他对女儿找到这样的如意郎君深感欣慰。马尔伯勒公爵家族是英国政坛上一支很有影响力的力量，这个实地贵族[1]对英国的政治、金融和社会生活有着巨大的影响。马尔伯勒公爵世袭于约翰·丘吉尔。约翰·丘吉尔生于德文郡，早年曾为约克公爵的侍从，堪称英国历史上最伟大的军事统帅之一。西班牙王位继承战争期间，约翰·丘吉尔声名鹊起，在1704年布莱尼姆、1706年拉米伊、1708年奥德纳尔德、1709年马尔普拉凯等会战中连告大捷，屡挫法军。1704年8月，约翰·丘吉尔与神圣罗马帝国的欧根亲王联合指挥英奥联军在巴伐利亚的布莱尼姆村击败法国、巴伐利亚联军，因功受封公爵，并赐建以此战命名的宫殿——布莱尼姆宫，作为公爵庄园。伦纳德·杰罗姆考虑到女儿和伦道夫勋爵的交往对促进自己家族与英国贵族间的关系有重大的意义，便应允了两人的结合。

一介布衣

伦道夫勋爵的父亲对此则不以为然，他怀疑自己儿子对珍妮的激情能否持续。同时，出于门第之见，他对女方的家庭也颇有微词，感到并不是门当户对。他说道："这位J先生（珍妮的父

[1] 实地贵族：指有封地的贵族，与宫廷贵族相对。——译者注

亲），看起来似乎是搞体育的，而且应该只是一个平头百姓……他已经破产过两次，可能又会重蹈覆辙。"

家族的历史使得伦道夫勋爵的父亲对财政问题有深深的隐忧。约翰·丘吉尔过世之后，他的子孙们未能再为家族增砖添瓦，他们既无骄人功绩，也未获得任何荣耀嘉奖；相反，他们的生活却是极尽奢华，为了维持公爵的地位和排场，他们毫不吝啬地挥霍着马尔伯勒公爵留下的基业。几代下来，到这位马尔伯勒公爵七世之时，家族积蓄早已挥霍殆尽，到了山穷水尽的地步。由于子女众多负担沉重，窘迫的经济状况使得马尔伯勒公爵七

莎拉·詹宁斯于1677年与约翰·丘吉尔结婚，在1702年时成为马尔伯勒公爵夫人。意志坚强的莎拉很受安妮女王的欣赏，这对她丈夫的授勋大有裨益。

世养成了拘谨吝啬的性格。因此，在儿子的婚姻大事上，公爵自然格外看重"J先生"对女儿嫁妆的安排。在英国的法律中，已婚女人的财产归丈夫支配；而伦纳德·杰罗姆则持更为平等的美式观点，在他看来，一位已婚女人的财产自然归她自己所有。

巴黎大婚

经过几个月的商议，双方家庭最终赞成了这门婚事：伦纳德·杰罗姆给珍妮50000英镑作为嫁妆，每年还另出2000英镑给女儿、女婿补贴生活，这些钱由夫妻二人共同支配；伦道夫勋爵的父亲则每年为儿子提供1100英镑。这样一来，这对年轻的夫妇每年就

有相当于现在的150000英镑的收入。1874年4月15日，伦道夫勋爵与珍妮·杰罗姆在巴黎英国驻法大使馆中举行了婚礼。新娘的父母参加了他们的婚礼，男方的证婚人则是伦道夫勋爵的哥哥——布兰弗德侯爵，公爵和公爵夫人并未参加婚礼。

公爵要求伦道夫必须进入议会之后才能举行婚礼，因此，1874年2月，刚满24岁的伦道夫·丘吉尔勋爵，作为牛津郡伍德斯托克镇选区的代表，经他父亲的举荐竞选议员并获胜。这块选区本就是马尔伯勒家族的一块传统领地，但在1884年，这块家族领地被废除。这个变动并未影响到伦道夫勋爵的仕途，他很快就运作好自己的选区，顺利地继续留在议会。当时，年仅12岁的丘吉尔就已经认识到父子之间存在着一个让人难过的不争事实：他的父亲伦道夫勋爵在政坛打拼承受了很大的压力，同时为政治倾注了太多的精力，他很少为儿子考虑，也根本没有时间去陪一陪自己的孩子。

丘吉尔童年的遭遇使得他在后来意识到不能再让自己的孩子经历类似的对待，他应该花时间和精力来好好陪伴子女们。1938年，丘吉尔有了自己的儿子，也叫伦道夫，这两个伦道夫的童年经历，这两对父子关系，形成了鲜明的对比。少年的小伦道夫十分奢侈，脾气也非常暴躁，因此父子之间并不投契；尽管如此，父子俩每次共同进餐都堪称愉快的经历。丘吉尔曾这样对小伦道夫说："我们今晚的这次长谈，比我和我父亲之间一辈子的谈话加起来都要长……"

丘吉尔和他父母之间如此巨大的鸿沟，在维多利亚时代后期的贵族家庭中并不少见，他每每思及此，总是难掩失落与怅惘之情。在当时的家庭里，父母觉得孩子是生活的负担，因而孩子们的童年更多是在幼儿园里度过的。丘吉尔后来回忆起母亲珍妮时这样写道："她就像夜空中的星星一样为我闪耀着，我非常爱她——但总感觉遥不可及。"

对页图：温斯顿的父亲，伦道夫·丘吉尔勋爵，死于1895年，时年46岁，可能是死于梅毒。这种疾病在维多利亚时代是上流社会的禁忌，在任何家庭中都是耻辱。

对页图：珍妮，伦道夫·丘吉尔勋爵夫人，聪慧美丽的她是上流贵族社会的交际花。珍妮在社交生活上花费了太多的时间，以至于很少有时间来照顾孩子们。

和当时其他出身豪门的幼儿一样，丘吉尔也有一个照顾他的保姆——伊丽莎白·安·爱维莉丝特太太。丘吉尔和保姆之间的关系非常亲密。这位和善的妇人对丘吉尔悉心照料，爱护备至。她亲热地叫丘吉尔为"温尼"，丘吉尔也给她起了个昵称"爱姆"，意思是慈爱的保姆。丘吉尔小的时候很难见到自己的亲生父母，爱姆就成了他幼年时期唯一的亲人。温斯顿在上学的时候，经常和爱姆通信，感情十分诚挚动人。爱姆的信件每每以"我亲爱的温尼"开头，结尾时还要写上"爱你的爱姆，给你送上满满的爱与亲吻"；小温斯顿则如此回道："我亲爱的爱姆，……晚安，亲爱的爱姆，爱你的温尼。"

可恨的奴役之地

英国的两所闻名全国的中学——伊顿公学和哈罗公学，都是位于伦敦郊外的封闭式管理的寄宿制学校，这里的学生只有寒暑假期间才能回家。英国国内许多贵族和官宦子弟都在这两所学校内接受严格的教育。进入伊顿或者哈罗之前，学生们需要先读预备学校——相当于小学。1882年，温斯顿·丘吉尔在大约7岁时被父母送进阿斯科特附近的圣乔治学校，这是一所模仿伊顿公学建立的寄宿制学校，也是后来丘吉尔描述为充满痛苦和恐怖的地方。他在回忆录中写道："我都无法想象我有多么痛恨这所学校，也无法想象那两年多我所经历的是何等痛苦的生活……每个学期末，我都掰着指头算着还有几天，还有几小时，我才能离开这可恶至极的奴役我的地方回到家里。"

据丘吉尔称，圣乔治学校里的每一个孩子都活在桦树条的阴影下，饱受折磨。在体罚犯错的孩子们时，校长会用尽全力抽打孩子们的臀部20下，甚至更多，打得孩子们皮开肉绽。每个孩子都有可

能因为犯错遭受这样的惩罚，因此其他的孩子们在看到这样的场景或听到挨打者凄厉的叫喊时，都会害怕得瑟瑟发抖。温斯顿·丘吉尔也曾因为从学校的储藏室里偷取糖果而遭受鞭打，他的反应是挑衅，不服气。体罚结束后，他把校长挂在门后的草帽拽了下来，将它踢成碎片来泄愤。学校里的孩子们都感到非常痛苦和孤独，十分渴望父母来看望他们。温斯顿·丘吉尔一再恳求他的母亲珍妮能够去学校看一看他，但除了第一天把他送到学校，珍妮再也没有踏足那里半步。

儿童疾病

第一个学年终于结束了，温斯顿·丘吉尔孤零零地回到父母在伦敦的寓所，位于海德公园北侧的康诺特广场2号。不出所料，他的学校生活报告很差：他是其所在的十一班的垫底学生。老师们给他的评语是：他总是迟到，并且"给每个人都带来无尽的麻烦……经常弄出一些让人很烦躁的事情。他任何时候都不可能做到让自己规规矩矩地表现"。多年之后，丘吉尔针对这些评语简短地回复道："我就是从他们口中的那个'捣蛋鬼'一步步长成的。"在家里，温斯顿·丘吉尔也没少惹麻烦。1880年，他的弟弟杰克出生，成了他最主要的欺负对

1874年的《泰晤士报》报道了温斯顿·丘吉尔的出生。从这个报道上看出得出温斯顿·丘吉尔的家族的社会地位，他出生的消息位于公告的顶端，其余的孩子们则是按照时间顺序依次排列。

象。温斯顿作弄杰克时毫不手软，经常弄得弟弟尖叫连连，嚎啕大哭。

温斯顿·丘吉尔年少时的体格并不健壮，他的胸腔纤瘦，身体相当瘦弱。即使长大成人之后，他的身高也不过1.67米。他最引人注目的是他的那双眼睛，充满了幽默和狡黠，仿佛随时随地就会搞出一些恶作剧。他脸色苍白，看起来一副病容。他经常身体不适，疾病几乎伴随他整个童年时期。1884年，丘吉尔的家庭医生罗森建议他去空气较为湿润清新的海边，边疗养边学习，这样对他的身体有好处。温斯顿的父母听从了罗森医生的建议，把他送到英国南部海滨城市布莱顿，进了汤姆森两姐妹办的一所学校，这也算是把温斯顿从圣乔治的"魔窟"中解救了出来。

汤姆森学校的规章制度相比于圣乔治要宽松不少，但同样未能对温斯顿的行为起到规诫的作用。1884年的圣诞假期，他是家里面不折不扣的捣蛋鬼、麻烦制造者，让大人们头痛不已。回到布莱顿后，10岁的丘吉尔给他的母亲写信道："我不在家里你一定会很高兴；这下杰克不会再尖叫了，邻居们也不会再投诉我。这样的生活对你来说应该是人间天堂吧。"

在布莱顿的校园生活

不幸的是，搬到布莱顿后，温斯顿·丘吉尔的身体状况并未像预想般地好转。1886年3月，他得了严重的肺炎，一病不起，病根从此深种，几乎伴随了他整个晚年生活。他的父母担心就此失去这个儿子，便急忙赶到那里去陪伴他。整整过了三天，温斯顿才脱离危险，之后几个月内，他一直在家中静养，直到7月份才重返校园。温斯顿·丘吉尔的父亲显然被他这场突如其来险些丧命的大病吓到了，在这段时间内，他终于肯抽出时间陪一陪温斯顿，给了他渴望已久的关怀和照料。伦道夫勋爵给温斯顿买了些葡萄，4月份再次来看他时，还送给他一个玩具蒸汽机作为礼物。当这个夏天温斯顿·丘吉尔重新回到学校时，他终于开始接受教育，享受这样的生活，并且平生第一次认识到知识的力量。"在那沁人心脾的空气和心旷神怡的环境里，我逐渐恢复了健康，"温斯顿写道，"我终于可以去学习那些我感兴趣的东西：历史，文学，许许多多的诗歌，以及最重要的骑马和游泳。那些年的生活，在我脑海中留下一幅幅温馨难忘的画面，与此前地狱般的圣乔治生活有天壤之别。"

此时此刻的温斯顿·丘吉尔正是他父亲伦道夫勋爵在政坛上顺风顺水、平步青云的最好的见证者。1885年，伦道夫·丘吉尔被任命为印度事务部大臣；1886年，他又被任命为财政大臣。凡事都有两面性，伦道夫勋爵在仕途上再进一步，成为财政大臣——这个国家仅次于首相的真正掌权者之一，意味着他再也无暇顾及自己的孩子，也没有了在温斯顿生病期间的那种父子间的温情。1886年11月中旬，温斯顿凄惨地写道："你在布莱顿的时候，即使是周日，也没来看过我。"在那段时间里，伦道夫勋爵自始至终也没有去看一看自己的儿子。

尽管父亲一直无暇顾及温斯顿·丘吉尔，但在温斯顿幼小的心灵中，还是以父亲为骄傲，并以少年独有的思绪来美化自己心中父亲的光辉形象。然而，他并未意识到，事实上，在议会中他的父

英国的贵族阶层（家族）

在英国社会中，旧的框架依然起着支撑作用。贵族阶层是一个强大而又辉煌的阶层。上百个传承悠久的家族统治了英国数百年之久，并且靠着联姻继续加深彼此间的联系，扩大影响力和统治力。贵族中的佼佼者们不仅引领着英国的政坛，也是赛马场上的健将，例如，当赛马会举行时，索尔兹伯里勋爵就经常不去参加议会的会议；考虑到许多人有这样的偏好，英国议会也会有意地调整集会时间。这些声名显赫的家族，以及由他们构成的贵族圈，密切参与着英国的议会事务、海陆军政，以及相关的国家政策。

1874年，丘吉尔就是出生在布莱尼姆宫的这张床上。母子二人都算幸运，按照19世纪的医疗条件，早产儿的分娩有很大的危险性，以后的成长状况也不太好。

亲伦道夫勋爵是一个特立独行的存在，与众人格格不入。即使是和伦道夫同一阵营的首相索尔兹伯里勋爵，也认为他年轻气盛、急于求成且野心勃勃，难以驾驭，是英国议会中的一大不稳定因素。他在同侪之间也不受欢迎。他采用类似反对党领袖格莱斯顿的政策来制订预算，主张减少税收和降低军费开支，遭海军和陆军大臣的拒绝。他的主张在内阁中也屡遭反对，他曾两次以辞职相要挟迫使索尔兹伯里做出让步。1886年12月，他自恃在政府中的地位无可取代，为强行通过他的财政预算方案而第三次提出胁迫性的辞职，索

下页图：兰斯洛特·布朗建造的布莱尼姆宫在1764年落成，湖泊环绕，园林宁谧。就像伦道夫·丘吉尔夫人夸口的那样，它是"英国最好的风景"。布莱尼姆宫是马尔伯勒家族世居之地，如今已传至第十二代。

尔兹伯里终于等来了合适的时机，准备一举把这位难以共事的同僚清除出去。索尔兹伯里判断形势，认为伦道夫的辞职不会在内阁和时局中引发根本性的动荡，于是便顺水推舟接受了伦道夫的辞职。显然，这样的结局大大出乎伦道夫的意料，他的失算彻底毁了自己的政治前途，此后他再也未能重返高位。

温斯顿·丘吉尔则认为，索尔兹伯里勋爵之所以这样做是因为嫉妒他父亲的年轻和聪慧。两个月后，在1887年2月，温斯顿和他母亲珍妮在布莱顿观看一场哑剧时，观众席对舞台上表现伦道夫的内容发出阵阵嘘声。温斯顿的眼泪不禁夺眶而出，他站起来对着坐在他身后发出嘘声的人怒吼道："快停下，你这个丑陋的激进分子！"当珍妮告诉伦道夫勋爵在剧院发生的一切后，伦道夫对他儿子勇敢地维护自己的行为大感宽慰，还奖励了温斯顿一枚珍贵的金币。

公学时光

此后，温斯顿·丘吉尔的校园表现相比于过去那个一直垫底的"差生"，发生了翻天覆地的变化。1887年11月，13岁的丘吉尔准备转入哈罗公学，这是大英帝国最古老也最负盛名的公立学校之一。在那一年汤姆森学校的考试中，丘吉尔考出了上佳成绩，英国历史、代数、古代史与圣经史等科目名列第一，地理和算术名列第二。不止于此，温斯顿·丘吉尔其他学科的知识也在不断积累提高中，他还获得了两个奖项。

在考试期间，伦道夫勋爵还罕见地展示了一次父爱，他来到了布莱顿，并带丘吉尔出去喝茶。年少的丘吉尔非常高兴。这次不寻常的经历让13岁的少年受宠若惊，期望着能够在家里享受一次圣诞宴会，甚至憧憬着宴会上的节目——能有艺人为他和他的小伙伴们表演魔术和口技。但是，丘吉尔的希望很快就破灭了，他的父母告诉他，他们要去俄罗斯过圣诞，直到来年2月才返回英国。

父母并没有带温斯顿和弟弟杰克一起出去过圣诞，而是让他们和奶奶一起在布莱尼姆宫过节，这让温斯顿深感失望。节后，兄弟两个回到伦敦，寄宿在马尔伯勒公爵夫人家。马尔伯勒公爵是伦道夫勋爵的长兄，在1883年顺利继承了公爵封号。尽管亲人们都对年幼的兄弟俩关爱有加，但这丝毫不能填补他们心中的失落与沮丧，他俩仿佛被遗弃一般。温斯顿在信中悲伤地对珍妮写道："我们感到非常难过和沮丧。"

不久后，温斯顿·丘吉尔就被临近的入学考试扰得心神不宁。那段时间，他一直过得惴惴不安，幸而他成功通过了考试，于1888年4月转入了哈罗公学。一个月后，他加入了学校的学员部

这张照片摄于1881年，当时的温斯顿·丘吉尔只有6岁。他穿的水手服是当时最为流行的休闲服装款式。

队。很快，他和正规部队一起训练，并学习了如何使用马蒂尼-亨利步枪。当时，学校和正规部队会定期举行演习，一次在赫特福德郡的哈里伯瑞学校举行的模拟战中，温斯顿·丘吉尔被指控携带实弹。尽管那场演习中哈罗学员部队因战败而被迫退出演习，温斯顿·丘吉尔却体验到了前所未有的紧张刺激。此后，温斯顿对用兵打仗兴趣大涨，一发不可收。在家中，他甚至收集了大约1500个玩具士兵，并用它们来演练排兵布阵，两军对垒。多年后，温斯顿·丘吉尔回忆道，他父亲来观摩过他的"战场"，与他仔细研究讨论了20分钟。

后来，温斯顿·丘吉尔发现他父亲对此的兴趣似乎没有像表

现出来的那么大。尽管军旅学员的生活让他感到很兴奋，丘吉尔还是准备去大学学习法律。对此，他的父亲伦道夫勋爵却有着不同的想法。

"多年来，"温斯顿·丘吉尔后来评论道，"我一直以为，我父亲已经以他的经验和睿智，注意到我天才的军事素质。但当我后来这样跟他说起的时候，他却说当时只是觉得我不够聪明，不足以胜任律师的工作。"

事实上，温斯顿·丘吉尔在哈罗公学时期的表现已经足以反驳他父亲的这个论断。尽管温斯顿当时的表现仍有许多不尽如人意之处——比如，他让人诟病的健忘、粗心、不守时，甚至邋遢，但仍旧瑕不掩瑜。在哈罗公学的众多贵族子弟中，他的天资聪颖让他很快便脱颖而出。特别是他曾一举背诵托马斯·麦考莱的长篇《古罗马叙事诗》，堪称过目不忘，令人赞叹不已。因为此事，他获得了一次特别奖励。此外，在1888年，他还连续两个学期获得历史奖。也正是在这一年，他第一次接触到罗马史。学习希腊语曾让年幼时的温斯顿·丘吉尔困扰不已，但在哈罗公学时期，丘吉尔却与过去判若两人，他的拉丁语和希腊语都获得了优异的成绩。

这似乎是一个觉醒的时期，丘吉尔从此开始崭露头角，然而伦道夫勋爵却并未觉察到温斯顿·丘吉尔的变化，抑或是，他虽有所察觉，却无动于衷。他坚持让自己的儿子转入哈罗公学的军事班，以便温斯顿能做好准备，只待时机成熟便直接升入军事学院。温斯

丘吉尔的学校功课

"我的老师们曾经认为我落后而且还早熟，读的书超过自己的年龄段，成绩却一直垫底。他们的判断冒犯了我。他们想尽方法让我听从他们的命令，但我很固执。我的理智、想象力和兴趣都不会被他们左右，我自己决定想学习什么和不想学习什么。"

丘吉尔的学校考试

"在我刚刚过完12岁生日的时候，我遇上了让我很恐慌的事情——考试，在接下来的7年时间里，我不断被这样的恐慌折磨。考试对我来说，是极大的考验。学校里许多科目的主考人基本都是那些我不喜欢、不愿意去面对的人。我喜欢的科目是历史、诗歌以及写作。但是学校里更多考的是拉丁语和数学……对于这些方面，我总是无法给出让考官满意的答案。当我想要去展示我的知识时，他们却总是找寻那些我不懂的地方。这样对待的结果就是：在考试中，我一直无法得到好的成绩。"

顿别无选择，只能去参加进入军事班的考试。他的数学考得很差，因此也少了一些进入军事学院的选择。他几乎没有可能进入专门为英国皇家炮兵和皇家工程兵培养人才的伍尔维奇（Woolwich）军事学校，只能进入另一所名望稍逊的军校——桑赫斯特（Sandhurst）皇家军事学院，将来成为一名步兵或骑兵军官。

准备参军

温斯顿在给母亲的信中写到，陆军科目非常无聊，额外的工作占据了他半个学期的假期，让他有些身心俱疲。于是他便从书中寻找慰藉。他热衷于历史，在孜孜不倦的阅读中寻求快乐。在这里，他也结识了一位良师——罗伯特·萨默维尔，他是温斯顿·丘吉尔的英文老师，他对自己的工作抱有极大的热情，对教学授课也极有天赋，让学生们受益良多。温斯顿·丘吉尔后来在政坛上的巨大影响也得益于他在英语文学上的充实积累和灵活运用，而这方面的积累与运用很多都是因为师从萨默维尔。正如他后来所写的，"英语必要的结构、句式，并不是看起来那般平淡无奇，而是非常的高贵"。

对页图：丘吉尔的母亲珍妮，是当时贵族之间一名迷人的交际花。许多人赞美她"在宴会场中得到的关注比其他女人都多"。在伦道夫勋爵过世后，珍妮曾再婚过两次，分别在1900年和1918年，找的男士都比自己年轻。

温斯顿·丘吉尔仍旧要参与日常的陆军军事训练与学习，这占据了他大量的想用来学习感兴趣的英语和历史的时间，对此他感到十分恼火却也无可奈何。他讨厌必修科目中的德语课，从来没学好过这门课程，发音也让他感到非常拗口。1890年，即他进入哈罗公学两年后，为即将到来的军校初选，他再一次陷入忧心忡忡的境地。与此前那次一样，他这次本也可以高枕无忧，完全不用为此焦虑。他一路吉星高照，通过了所有的考试。在地理考试中，有关于某个指定国家的题目，但是开考之前，没人知道考的究竟是哪个国家。温斯顿·丘吉尔赌上四分之一的概率，选择了新西兰，做了认真准备。开考那天，当打开地理考题，他兴奋地发现新西兰正是所考内容，便轻车熟路地答完了相关内容。

在军校初选前十天，温斯顿年满16岁。他回到伦敦呆了一小段时间，在那里他遇上一个女孩，并试图"给美丽的维斯莱特小姐留下一个深刻的印象"。然而尚未如愿，他便被学校召回，匆匆结束了返乡之旅。青春期的温斯顿被母亲发现学会了抽烟。他的母亲试图让他戒烟，并这样规劝道："你抽烟的样子看起来非常愚蠢，像

10岁的温斯顿·丘吉尔，摄于1884年。丘吉尔10岁生日后两周，在学校里被一位男同学用小刀刺伤了胸部，鲜血淋漓。学校严厉斥责了那位男孩的暴躁，但事情的起因似乎是丘吉尔先去揪了这位男生的耳朵。

个傻孩子一样。"为了让儿子戒烟，她后来承诺让温斯顿的父亲伦道夫勋爵给他买一杆枪和一匹小马。温斯顿也做出让步，同意戒烟"至少六个月"。

在温斯顿离开家时，他的保姆爱维莉丝特太太仍旧像对待小孩子一样千般叮嘱，嘱咐他晚上睡觉时不要在床边点蜡烛，在月台上行走时不要离铁轨太近，关爱之情，溢于言表。1891年，温斯顿·丘吉尔的母亲觉得他已经长大，不再需要保姆了，于是便决定辞退爱维莉丝特太太。对此，温斯顿和杰克都感到十分沮丧，温斯顿非常抗拒将来的生活没有爱姆。最终，珍妮不得不另作安排，让爱维莉丝特太太去照顾温斯顿和杰克住在伦敦格罗夫纳广场的马尔伯勒奶奶，如此一来，他们依然可以时常见到她。

少年的恶作剧

尽管过了16岁，温斯顿·丘吉尔逐渐成长起来，但他依然有少年顽劣的一面，喜欢恶作剧。那年夏天，他和哈罗公学的一些同学外出散步，来到一座废弃的工厂。工厂中乱草丛生，大部分窗户都损坏了，看到这些，这群大男孩玩心大起，决定让这座工厂无窗可用。砸玻璃的噪声引起了周围人的注意，他们向哈罗公学报告了这群孩子们的劣迹。作为惩罚，温斯顿和一道去的男孩们都收到一份特殊的礼物——鞭刑——也就是孩子们口中的"嗖嗖"（Swishing）。

除了体罚，修补玻璃的钱还要从温斯顿的津贴中支出，这使他本就严重失衡的财政收支雪上加霜。温斯顿·丘吉尔的收支从未达到过平衡，对此爱维莉丝特太太不止一次写信告诫他不要太过浪费，也尽量少从母亲那里要钱。但是，铺张奢侈是马尔伯勒家族一直以来的特征，花销问题也一直困扰着年少的温斯顿·丘吉尔，成了那几年他和母亲之间一种非常密切的联系纽带。

17岁时，温斯顿·丘吉尔更有底气也更有勇气去向父母争取，让他们能够顾及自己的意愿，尽管此前的努力往往以失败告终。

1889年，35岁的伦道夫·丘吉尔夫人和15岁的温斯顿·丘吉尔以及9岁的杰克·丘吉尔的合影。珍妮是一位美丽的妇人，谣传她有许多情人，其中一位是罗登伯爵五世约翰·斯特兰其·乔斯林上校，相传他是杰克的生父。

1891年12月，温斯顿和父母再一次发生争执，他拒绝父母对他圣诞假期的安排；此前一年，他也拒绝了，这一次，他的回击更加有力。

温斯顿给母亲写了一封长达三页的充满痛苦和指责的信，他在信中写道："我心中的痛苦更是难以言表，你们冷酷地抛下我，也抛下了所有的感情和职责。"珍妮只看了一页便将信扔回给了丘吉尔，她说信里的语气让她感到不快，她不愿读下去。温斯顿回答道："我能想到你根本不愿去读……我希望你能继续忙着你的聚会和圣诞安排。你不用管我，我会照顾好我自己。"

父母的忽视

在温斯顿整个童年生活中，他的母亲珍妮一直忙于旅行游玩、对页图：哈罗公学的学生们都需要穿戴着学校统一的燕尾服和帽子，图为温斯顿·丘吉尔身着校服的照片，摄于1889年。哈罗公学的校友中有许多叱咤政坛的风云人物，包括罗伯特·皮尔、尼赫鲁以及斯坦利·鲍德温。

拜访或接待朋友、举办或参加聚会，根本无暇照顾自己的孩子。节假日的时候，比如圣诞节或者赛马季，这些伦敦社会名流们的欢庆节日，她便要将温斯顿和杰克寄养在亲戚家中，因为每当此时，她的家中必定是高朋满座，宴饮不休。与妻子相比，伦道夫勋爵对儿子们的关爱会更多一些，但也寥寥无几。1892年春天，温斯顿准备参加哈罗公学的击剑锦标赛，但他最终没能说服自己的父母前来观战加油。他们都有各自的安排，伦道夫勋爵要去桑当赛马，而珍妮则去了蒙特卡洛。温斯顿赢得了冠军，却遗憾地未能和父母一起品尝胜利的喜悦。

在那个夏天，温斯顿备战桑赫斯特皇家军事学院的入学考试。他每天努力训练十来个小时，却收效甚微，最终以1300分的巨大分差未能入选骑兵训练营。对此珍妮感到愤怒，却并不惊讶，她开始着手培养温斯顿从商。然而，在当时的英国，对于公爵这样的实地贵族之后们来说，经商往往是最

图中是温斯顿·丘吉尔和弟弟杰克都非常喜爱的保姆爱维莉丝特太太。温斯顿兄弟还在1895年共同为爱维莉丝特太太立了墓碑。

后的不得已之选。如此窘境使得温斯顿·丘吉尔不得不振作起来，审视过去的不足，再次努力考取军事学院。这一次，他还是未能改变名落孙山的境地，唯一能够让人稍感欣慰的是，这一次他进步明显，距离录取线只差351分。

早逝的恐惧

1892年11月，温斯顿的家族中传来一个噩耗，他的伯父，马尔伯勒公爵八世在布莱尼姆宫突然去世，时年48岁。他的儿子，也就是温斯顿的堂兄兼密友查尔斯，继承了爵位。查尔斯当时只有20岁，已经成为公爵，还没有结婚，于是便出现这样怪诞的一幕：温斯顿的父亲伦道夫勋爵，成了他侄子查尔斯的第一顺位继承人，直到新公爵有自己的儿子。此时的温斯顿则是第二顺位继承人。温斯顿注意到自己家族中这样一个令人不安的事实：丘吉尔家族中的男性似乎寿命都不太久长。

许多年前，伦道夫勋爵的三个兄弟在襁褓时期便早夭。如今，这是他第四个辞世的兄弟，也仅仅走过40多个春秋。温斯顿的亲弟弟杰克在出生时也差点早夭，而此后，杰克一生也不断为病痛所折磨。这许许多多的过往使得丘吉尔不由得觉得自己的人生也会像家族里的前人一样，被命运所抛弃，会早早便撒手人寰。在此后的许多年，这种挥散不去的恐惧始终萦绕在他心头。1914年，在他40岁

丘吉尔的校园生活

"总的来说，在学校的日子完全没有任何值得高兴的地方。除了击剑赢得过公学锦标赛的冠军，其他方面我从未拿过任何优胜。我的那些同龄人甚至比我更小的孩子们，似乎都比我更能适应校园这个小世界。他们在比赛中和课堂上都过得很自在。而我，被他们远远甩在身后，过得很压抑。"

生日那天，他还自语道："已经40岁了，我要终结了吗？"

二十年前，温斯顿就已急不可耐地想早日做出点成绩。再一次备战桑赫斯特已是破釜沉舟，而同一时期，在1893年的上半年，他的生活也几乎被学校里密集的劳动工作和詹姆斯上尉的填鸭式教学所占满。詹姆斯的教学授课毫无技巧可言，强迫的劳作、填鸭式的教学贯穿始终。1893年7月，在考了第三次之后，温斯顿终于以6309分通过了桑赫斯特皇家军事学院的考试。他的分数虽不够考取步兵军官，却能够成为一名骑兵士官生。此时的温斯顿不仅仅感到高兴和宽慰，更是对命运心存感激。他这样对母亲说道："如果我这一次还是失败的话，我觉得我所有的机会都已走到尽头，前方已无路可走。但这次，我成功了，我将命运掌握在自己手中，从此将会有一个新的开始。"

奔赴战场

　　1895年，丘吉尔从桑赫斯特皇家军事学院毕业以后，恰逢英军在古巴、印度、苏丹和南非的战争进行得如火如荼。这些战事使丘吉尔最初的工作和事业有了一个驰骋的天地；除此之外，在南非的布尔战争则为丘吉尔提供了一次难得的机遇，命运的垂青使他获得一些意想不到的东西：被俘身陷囹圄，越狱逃出生天，成名登上头条，归来万众欢迎。

1894年，三位英姿飒爽的桑赫斯特皇家军事学院学员，温斯顿·丘吉尔（左）非常享受这段"充满希望和友情的美好时光"。

在桑赫斯特皇家军事学院，温斯顿·丘吉尔迎来了一个新的开始。他的学生时代一度十分沉闷枯燥，在那段时间内，他也经历了许多失败和失望。然而，就在他踏入桑赫斯特那一刻起，他便觉得这里有属于他的一片天地。不幸的是，当时的他，仍旧不能获得父亲的肯定。丘吉尔在米兰度假时，收到父亲寄来的一封极其伤人的信。在信中，伦道夫勋爵写道："我对你得知自己考上桑赫斯特皇家军事学院时的狂喜的语气感到惊讶……你的那些所谓的优势，你的那些愚蠢的自以为拥有的技能……到最后还不是考了两、三次才考上，还仅仅只是进入骑兵团……我敢打包票，如果你不能改掉你学生时代的种种恶习，还像过去那般过着懒惰、无用也无益的生活……你将成为一个彻头彻尾的败家子、成千上百个公立学校失败的毕业生中的一员，最终彻底沦为一个贫贱的、愁苦的而又碌碌无为、一事难成的庸人。"

这一番充满恶意的严厉训斥伤透了温斯顿·丘吉尔的心，让他感到十分沮丧。在他9月份重返英国

1899年，丘吉尔从布尔战俘营的大胆逃脱让他在英国国内名声大噪。图中描绘的是丘吉尔躲进开往葡属东非的火车。

时，他惊讶地得知，他的父亲已经借助自己的关系为他争取到了一个步兵团——第60步兵团——的名额。然而第四女王属骠骑兵团的长官——约翰·布拉巴赞上校已经慧眼发现了丘吉尔这位青年才俊。尽管父亲并不赞成，但丘吉尔无法抗拒布拉巴赞的邀请，从而成为轻骑兵士官生。此时，伦道夫勋爵的行为变得越来越反复无常。他罹患梅毒，病毒逐渐破坏他的神经系统，大脑严重受损的他已经病入膏肓。但此时的温斯顿并没有意识到这一残酷的事实。

1895年，丘吉尔在第四骠骑兵团开始了自己的第一段陆军经历。第四骠骑兵团是一支轻骑兵部队，图中青年丘吉尔身穿的这身礼服可以追溯至15世纪匈牙利轻骑兵的华丽着装。

浪漫和悲剧

桑赫斯特皇家军事学院的训练生活把温斯顿·丘吉尔的思想从他父亲变幻莫测的情绪中解脱出来。日常的军事训练、检阅和演习使得他终日忙于其中，无暇顾及别的事情。这是一段艰苦的岁月，并且伴随着未知的危险。丘吉尔有一次险些遭遇不测。在一次常规训练中，在全副武装奔跑了半公里后，疲劳和紧张使得他跨上战马后没能抓稳，差点坠下马来。

一次偶然的机会，温斯顿·丘吉尔在伦敦邂逅了波利·哈凯特小姐，他对她一见钟情，在1894年上半年这段时间，他一直对她念念不忘。丘吉尔带着波利散步逛街，并给她买了许多糖果。然而这种浪漫并未持续很久，一年之后，波利小姐便与别人结了婚。

当时的丘吉尔沉浸于追求波利小姐，浑然不觉他父亲的病情已经十分严重。伦道夫勋爵在下议院演讲时说话含糊不清，甚至时常忘了自己要说什么。1894年6月，为了维护丈夫的公众形象，珍妮决定带伦道夫勋爵去周游世界。然而到了11月份，他的病情已经恶化到无法说话。别无选择之下，珍妮只得匆匆结束旅行，带他回到伦敦。伦道夫勋爵于1895年1月24日凌晨去世，三天后安葬于布雷顿，墓穴就在布莱尼姆宫墙外。

渴望行动

在父亲去世前不久，温斯顿·丘吉尔通过了桑赫斯特皇家军事学院的校内考试，在130人的班级里排名第20位。2月20日，他被授予少尉军衔，派往第四骠骑兵团。这是一支赫赫有名的轻骑兵部队，驻地在奥尔德肖特。奥尔德肖特的日常生活较为闲适愉快，每天早上7:45吃完早餐，上午是两个小时的骑马行军，下午则是两个小时的军事操练，然后洗一个热水澡，晚上便是娱乐时间，可以玩台球或者打牌。军营的生活当然少不了演习，这里的演习则是长达八小时的骑行，以及两小时的操练、收马回厩。和马球比赛一样，收马回厩是一项令人精疲力竭的事情，但这两件事都让丘吉尔倾注了极大的热忱。

但是丘吉尔的野心并不止于此，他渴望一些更有意义的生活，

骑马的丘吉尔

"骑马是我在桑赫斯特皇家军事学院期间最大的乐趣，我和骑友们在那里最大的花销就是租用和照料马匹……我们经常在公园或者旷野中组织点对点的赛马，或者障碍赛。策马奔腾的时候，每分每秒都是最美好的享受。年轻人买马、养马也许是一种浪费，但当你伏在马鞍上扬鞭奔腾时，所有的付出都是值得的。当然，最好不要在策马疾驰时摔断自己的脖子，不过就算发生了这样的悲剧，那也算得上是死得其所。"

希望能够参与更多的行动，能够参与到重要的事件当中。1895年，丘吉尔终于遇到一个大展身手的舞台。西班牙人曾统治古巴这个加勒比岛国长达五百年之久，如今古巴却爆发了异常激烈的民族独立战争，西班牙军队与起义军的战斗进行得如火如荼。这对丘吉尔来说，正是恰逢其时，仿佛命运女神听到了丘吉尔的心声，向他发出了呼唤。战争，往往是残酷的，对于丘吉尔来说，则是一个机会，尽管也伴随着危险。

第四骠骑兵团里的生活费用十分高昂，丘吉尔每个月的津贴是65英镑。倘若想过体面的骑兵军官的生活，这点津贴还不够一个月支出的三分之一。温斯顿·丘吉尔的母亲的生活非常奢侈，因此她能给儿子的补贴十分有限。为了解决经济的窘境，丘吉尔决定给报社打工。他说服一家英国的报社——《每日写真报》，雇佣他作为战地记者报道古巴的战况。作为一名现役军官，丘吉尔还需要把他在古巴的本职工作向部队里的长官们汇报，例如收集情报和统计资料，并报告这次战争中首次投入使用的一种新型子弹的实战表现。

1895年10月底，丘吉尔和朋友巴内斯一起乘坐邱那德皇家邮政公司的"伊特鲁里亚"号启程前往古巴。经历了三周的航程后，他们终于到达目的地。丘吉尔从古巴发回的五篇报道以《W·S·C的前线来信》的标题登上了英国国内《每日写真报》的头条。这样的经历不仅让年轻的温斯

军营中的丘吉尔身着19世纪末英国陆军装备的卡其布军装。这些新的卡其布军装为士兵们提供了一定的伪装，不像此前的红色军装那么显眼，英军此前的大红色制服是敌军狙击手眼中最明显的目标。

温斯顿·丘吉尔——一位政治家的成长

顿·丘吉尔亲历了战火的洗礼，也让他见识到了古巴人民为了争取民族独立自由不畏牺牲、前仆后继的意愿和决心。亲历这些之后，丘吉尔才相信，尽管在古巴独立战争中，古巴人民的战斗方式有些无所不用其极，但独立战争的正当性毋庸置疑。当时的西班牙殖民政府腐败丛生，苛捐杂税项目林立，这对于本就贫困的古巴人来说无异于敲骨吸髓。这种自由主义的立场对英国国内许多人而言，是很难接受的，但是温斯顿·丘吉尔就是这样，他有自己的想法和意见，讨厌盲从。在后来的政治生涯中，丘吉尔的这种特质往往能在议会中"一石激起千层浪"，让他的盟友和政敌们都感到头痛不已。

在古巴呆了三个星期后，丘吉尔回到了英国，随身携带了许多哈瓦那雪茄，而这种雪茄也和古巴的另两种美味——咖啡番石榴果冻——一样，成了温斯顿·丘吉尔的终身爱好。不幸的是，回国后的丘吉尔卷入了一场牵涉甚广的纷争当中。此前，在奥尔德肖特的时候，丘吉尔参与发起了一次驱逐行动，迫使一名在军营里很不受欢迎的军官阿兰·布鲁斯辞去在第四骠骑兵团的职务。布鲁斯虽然被迫离去，但他的父亲决定报复领头羊，于是便指控丘吉尔

从桑赫斯特毕业

"从桑赫斯特毕业后，我算是正式步入社会。仿佛打开了阿拉丁的洞穴，整个世界也在我面前徐徐展现。从1895年到现在（1930年），我一直笔耕不辍，几乎没有时间回顾往昔。每一天，我的手都没有完全停下来过。现在看来，1895年到1900年那五年，是非常有趣的时光。当我再次回顾那段岁月，不禁衷心感谢，那段时光简直就是上帝送我的礼物。"

在桑赫斯特皇家军事学院里有"不道德行为"，涉嫌严重违纪。丘吉尔将案件上诉至高级法院，法官们经过审查后发现是虚假指控，还了丘吉尔的清白。布鲁斯的父亲最终撤销了指控，并支付了400英镑作为赔偿。尽管证明这是一场诬告，但"骑兵丑闻"仍旧对温斯顿·丘吉尔的生活造成了很大的影响，这种影响过了许久才消弭无形。

在经历了古巴的战火洗礼，体验了那种高度紧张、恐惧与危险的战斗生活后，丘吉尔的心中压抑不了躁动，渴望寻找另一片战场。第四骠骑兵团被派往印度执行军务，但丘吉尔却担心从此会远离那些时刻会爆发战斗的地方，过上索然无味的平淡生活。当时，埃及、塞浦路斯以及南非都有战事爆发或进行，因此，丘吉尔恳求母亲动用她的人脉关系满足自己心中的渴望。但是，时任英国陆军大臣的兰斯唐尼勋爵警告珍妮说，这个时候离开英国对温斯顿·丘吉尔来说，似乎不是一个好时机，毕竟英国媒体笔下的丘吉尔还并不是完全无罪，他们似乎还认定丘吉尔在桑赫斯特涉嫌轻犯罪。

印度的无聊生活

尽管满怀沮丧和失望，丘吉尔还是打点行装和第四骠骑兵团的同侪一起于1896年9月11日踏上前往印度的航程。10月份，第四骠骑兵团到达印度，驻扎在马德拉斯西部丘陵地带的班加罗尔，这里气候凉爽宜人。在班加罗尔，温斯顿·丘吉尔和其他两名军官共住在一个很大的宅邸里，其中一人是他在古巴时的老朋友巴内斯，另一位则是雨果·巴林。这座宅邸内还有一个小花园，种满了玫瑰，常有斑斓的蝴蝶上下纷飞，穿梭其中，景色宜人，美不胜收。

班加罗尔的生活十分轻松惬意：早上5点吃早点，6点开始检阅，随后再吃一份早餐，洗一个热水澡，做一点点文书工作，随后

对页图：丘吉尔在印度过着一种奢侈闲适的生活，他在日后的回忆录中写道："我们在这里过得比王子都要好。"

每天从上午8点到下午4点15分之间的工作时间则几乎无所事事。这就是在印度的正常生活节奏。温斯顿·丘吉尔觉得这简直是浪费时间，是荒废人生。对他而言，此时的英属印度，满是谄媚市井的下位者与虚伪势利的小官员，"是一片千疮百孔的土地，生活着一群可叹可悲的神弃之民"。1896年年底，丘吉尔在短暂造访加尔各答之后，做出了这样的评价："这里的人都毫无生气，极度无趣。"

温斯顿·丘吉尔在思索良久之后决定从政，他仔细审视了自己的人生经历，觉得已经有了足够的历练，已经为踏足政坛做了充分的准备。他觉得，自己在1897年年初便已升任少校旅长副官，这份履历足以让他在议会中谋取一席之地。但对于丘吉尔来说，进入政坛还有不少困难，他的自由主义的政治观点便是绊脚石之一——特别是他对希腊克里特岛上反对土耳其统治者的反政府军的支持，使他与同侪格格不入。

战斗的号令

在土耳其人宣战后，丘吉尔终于结束了对他而言索然无味的平淡生活。他立刻主动请缨，再次来到前线，成为一名战地记者。他有一个月的时间去工作，于是他迅速启程前往欧洲。当丘吉尔乘

在第四骠骑兵团的训练

"我自己心甘情愿忍受艰苦的训练生活，但在休息时，那几乎就算得上是快乐的贵族般的生活……在休息时，我们这些年轻的军官可以随意地和训练中的部队一起骑马……想象一下，一整个骑兵中队一起策马奔腾时的震撼和独特的魅力……因此，在疾驰时，我们经常会进入一种欢乐的亢奋状态。策马的动感，运动的快感，骑手和战马合二为一的默契感，漂亮的骑兵制服带来的荣耀感……所有这些结合起来，使得骑兵训练变得非常愉快。"

宾顿·布拉德爵士是1897年英国马拉坎德远征军的指挥官。他是克隆内尔·布拉德的直系后裔，他的这位大名鼎鼎的祖先曾在查理二世国王统治期间试图偷窃伦敦塔中的珠宝。

坐的船到达意大利时，土耳其人已经击败了希腊海军，战争也随之结束，失望不已的丘吉尔返回了英国。6月26日，在巴斯附近举行的樱草花联盟的会议中，丘吉尔发表了生平第一次政治演说。这个联盟成立于1883年，奉行保守主义的政治观点，丘吉尔的父亲伦道夫勋爵是该联盟共同创始人之一。在丘吉尔第一次参与的集会中，他宣讲的是保守主义民主政治，与往常的保守主义观点迥异。丘吉尔称赞了英国政府当时推行的为在危险行业中受伤的工人们提供政府补贴的政令，并表示自己希望在未来"工人们终能和商人们平起平坐，共同掌管所就职的工厂或公司"。这次演讲无异于平地起惊雷，深深震惊了在场的所有听众。

三周后，温斯顿·丘吉尔返回班加罗尔，开始撰写他的第一部作品《萨伏罗拉》（*Savrola*），这是一部发生在虚构国度中，有着浪漫主义政治色彩的小说。丘吉尔刚刚拟好小说大纲，设计好故事情节，便收到宾登·布拉德爵士的信。丘吉尔很快回到英国，在他姑母道奇丝·莉莉的家中见到了宾登爵士。宾登爵士此时受命指挥一支新近成立的野战军团，镇压印度西北边境帕坦部族的反英暴动，并许诺以后每次他指挥的战事都会带上丘吉尔。于是，在1897年8月，丘吉尔梦寐以求的亲临战场的机会终于到来了。

出版第一本书

"《马拉坎德远征记》大获成功。这本书的审稿人都对它赞誉有加。当审稿人带着出版的第一卷来找我时，我内心充满自豪以及受到赞美时的欢乐。此前，我几乎没有被人表扬过。别人对我在学校的生活的评价一般都是'冷漠''乱''邋遢''坏''不是很好'这样的字眼。然而现在，这些一流的文学报纸的评论家们，都撰写整版的专栏文章来表扬我的作品！"

战争前线

　　1897年8月29日，丘吉尔兴高采烈地奔赴2175英里（约3500千米）以外的前线，他的母亲珍妮已经和《每日电讯报》谈妥，刊登丘吉尔的战场报道，丘吉尔决定每天都从印度发回消息。这是丘吉尔成为战地记者以来最好的一次机会。但是和往日一样，他的政治前景才是他心中最重要的事。丘吉尔在给母亲的信中写道："我觉得目前我亲临前线，在部队中的所见所闻，以及时时刻刻都有的政治熏陶和思考……可以更加完善我自己的政治主张，也更有利于将来在国内推行我的政治观点。"

　　丘吉尔在9月初到达印度西北边疆的马拉坎德。这个多山的地区是英属印度的领土，但许多独立的阿富汗部族生活在这边境附近。他们对英国人充满怨恨，认为英国人试图控制他们的生活。这

1896年，英国军队加固了莫卧儿堡附近的这个古老的据点。这个据点位于马拉坎德关口附近，是英属印度和阿富汗之间的一处要地，这处据点也因丘吉尔在此服役过而得名"丘吉尔哨卡"。

些部族的人组成游击队，他们的战士们非常勇猛，因会将敌军留在战场上的伤员大卸八块而闻名，给英国殖民统治军和英属印军——如旁遮普的非正规军，造成了很大困扰。在丘吉尔1896年到达马拉坎德时，这片区域中的战斗正激烈地进行着，英国派出大约50000名英军和英属印军来剿灭这些部族的反抗武装。

危险并没有使丘吉尔心中的一腔热血有所冷却。布拉德将军命令丘吉尔加入英军的第二梯队。在战斗中，丘吉尔全力以赴，全然不顾自己身处危险境地，已在敌方步枪射程以内。当英军开始撤退时，他也是最后一批离开战场的士兵。混战中，丘吉尔射杀了一名正准备杀死他面前负伤的英军军官的敌方士兵，救下了自己的战友，此后他也用同样的方式救下一名锡克教徒——一名英属印军士兵。

在接下来的一个月中，丘吉尔一直奋战在马拉坎德前线。在激烈的战场上，不仅子弹横飞，也有短兵相接的白刃战。尽管吉人天相，当战争结束时，丘吉尔依然毫发无伤，但激烈的战斗场景、双方的暴行都在他心中留下了深刻的印象。他在后来写道："阿弗里迪斯人抓住我们的人往往都会处死，而我们抓到敌方伤者时，也会毫不犹豫地痛下杀手。"

战场上目睹的惨状很快便从丘吉尔脑海中消逝了。10月中旬，丘吉尔返回到班加罗尔，在回顾西北边疆这段战场岁月时，他写道："这段日子里，我的生活充满激情和荣耀，这让我无比振奋！"丘吉尔说："我非常荣幸能够得到战役勋章，也感到非常兴奋。"在给母亲的信中，丘吉尔写道："这次的嘉奖让我对未来更加期待，更加雄心勃勃……我觉得我抓住了每一个机会来充分展示自己，推销自己……"丘吉尔总结马拉坎德的经历道："这是政治生活的基础。"

对页图：1899年，丘吉尔从军队退役，作为《每日邮报》和《晨报》的战地记者来到南非。丘吉尔对战争并不抱有任何幻想："无论如何你要坚信自己一定能够轻松获胜……在一方觉得自己毫无机会的情况下，就不会爆发战争。"

新晋作家

　　1898年3月，温斯顿·丘吉尔的第一部书籍《马拉坎德远征记：边境战地实录》在伦敦问世，次年又发行了第二版。这标志着，此时的丘吉尔已经成为一名前途无量的年轻作家。这本书的出版也解决了丘吉尔的燃眉之急——缓解了他的经济压力，当时丘吉尔的母亲珍妮在满足她自己的铺张奢侈生活方面已经自顾不暇，很难再给他补贴。这种情况已经十分严重，在伦道夫勋爵过世仅仅三年后，丘吉尔不得不警告他的母亲，她这三年在穿衣、聚会、游玩上的花销十分巨大，已经花去"全部财产"的近四分之一。恰逢此时，《马拉坎德远征记》的出版，给丘吉尔带来了一笔丰厚的经济收入：从他写的书稿和报纸报道中，丘吉尔大概挣得400英镑的稿酬，相当于现在的20000英镑，甚至更多。

丘吉尔（第二排，左起第二）在前往南非的船上所拍的一张合影。他以英国国内媒体的战地记者的身份参加了布尔战争。

但是，丘吉尔的写作并没有让他在所在的第四骠骑兵团中大受欢迎。他的同袍们都嫉妒丘吉尔的机遇和由此带来的丰厚报酬。无论是在丘吉尔的那些贵族朋友，还是他的战友们眼里，丘吉尔如此追名逐利的行为是十分粗鄙不堪的。丘吉尔在成名后的狂傲也让她的母亲以及周围的许多人颇有微词。例如，他在写给自己母亲的信中吹嘘自己如何在马拉坎德奋勇作战，数次死里逃生，他写道："我当时真是狂妄不羁，认为上帝不会让我这样的天之骄子在荒凉的印度平凡无奇地死去。"

沙漠中的摊牌

丘吉尔依旧对战斗的生活充满渴望，他坚信自己有足够的幸运，在战场上能逢凶化吉。1898年7月，丘吉尔受首相索尔兹伯里勋爵之邀返回英国。首相大人对丘吉尔的书《马拉坎德远征记》印象深刻，邀请他来到唐宁街10号的首相官邸面谈。索尔兹伯里首相将丘吉尔调去即将前往苏丹的，由赫伯特·基坎纳将军指挥的第二十一枪骑兵团。

英埃联军和阿卜杜拉武装之间的战斗一触即发。冲突起因在于14年前哈里发·阿卜杜拉领导的马赫迪武装占领了埃及控制的苏丹。1881年，苏丹马赫迪运动兴起之后，马赫迪武装多次打败英国和埃及军队，从而占领整个苏丹。1898年9月，恩图曼战役爆发。此前，埃及人一直想要收复被占领的土地，而英国人则想为被马赫迪军杀死的英国总督查理·乔治·戈登复仇，因此英、埃军队和马赫迪军之间一直摩擦不断，双方各有损伤。直至1898年9月，英军指挥官霍雷肖·赫伯特·基坎纳将军决定在喀土穆以北的尼罗河要塞恩图曼与马赫迪军决战，英埃联军才终于看到了胜利的曙光。

1898年9月2日，英埃联军约26000人与40000多人的马赫迪军在恩图曼相遇，大战爆发。英埃联军依仗着精良的装备，两次击败了马赫迪军的进攻，他们的机枪、大炮和现代化的武器给手持长矛等原始兵器的马赫迪军造成了巨大的伤亡。哈里发·阿卜杜拉被迫率

对英军炮火覆盖位于恩图曼的伊斯兰武装的评论

　　"我们的炮口都对向他们，两三艘炮舰的舰炮以及两三个炮兵连，加起来超过30门加农炮一齐开火……炮弹在目标位置爆炸……敌军的队形被炮弹轰出道道缺口。甚至可以看到他们在爆炸声中惊惶地蹦跳或者颤抖，最后头也不回的逃离战场。"

领马赫迪军撤退。

　　在丘吉尔的《我的早年生活》一书中，他对恩图曼战役的场景这样描述道："这里的沙漠成为一片巨大的修罗场，超过两万马赫迪军横七竖八地躺在地上，血液流在地上，染红了大片沙砾；浓烟滚滚而上，遮蔽了整个天空。"由于担心马赫迪军可能顺势撤退并夺取恩图曼3英里（约3.8千米）外的喀土穆，基坎纳将军命令丘吉尔所在的第21枪骑兵团扫荡战场，扰乱马赫迪军的重整。这并不是一项轻松的任务，丘吉尔指挥的一组有25人。他后来在书中写道："我骑着一匹脚步轻盈的灰色阿拉伯马，很快便看到前方出现一些敌人，距离我们并不是很远。那些"蓝衣人"（指马赫迪军）还在胡乱开火，射击产生的白烟将他们完全笼罩。我们策马奔腾，战友们相互策应着向前突进，前方的敌人再次出现在我们视野中……场景瞬间发生转变……我们的人还在追击敌军，突然，前方出现一块洼地，洼地里躲藏了不少马赫迪士兵，他们看到我们，拔腿便向远方逃去，我们在后面紧追不舍。前方不远处一片浓烟遮挡了我们的视线，我们策马冲进浓烟中。接下来，我听到有惨叫声响起，穿过这片浓烟笼罩的区域后，我自己虽然毫发无损，却发现有战友不幸罹难。"几分钟后，丘吉尔在策马路过一名躺着的马赫迪士兵时，这名士兵突然跳起来，手持长矛扑向丘吉尔。丘吉尔手起一枪，将

第 2 章　奔赴战场

对页图：图中丘吉尔身着南非轻骑兵部队制服，经历了布尔战争，他对战争更为痛恨。图中可以看到他在从布尔战俘营中逃脱时留有很浅的胡须。

其击倒在三米开外。在第一次骑兵冲锋完成后，丘吉尔本期待着第二轮冲锋的命令，随后他便发现似乎没这个必要。此役，马赫迪军被彻底击溃，战斗也随之结束。恩图曼战役中，英埃联军付出伤亡500多人的代价击败敌军，马赫迪军的损失在25000人以上。

战斗结束后，这片战场成为一片炼狱，令人触目惊心。丘吉尔如此描绘道："被炸断了腿的战马在地上挣扎，每次挣扎都有鲜血喷涌而出……身负重伤的战士们倒在地上，身上巨大的伤口惨不忍睹，地上胡乱插着的战矛斜斜地指向天空。血流漂橹，残肢遍地，硝烟和鲜血的气息弥漫鼻端，呻吟声、呼痛声、哭泣声不绝于耳，战场上弥漫着悲伤和压抑的气息。"

这样的战场经历让丘吉尔愈加坚信，相比于平静的生活，战争确实能让人发生蜕变。丘吉尔的心中也更加坚定了一些不同于其他政客的思想。正如丘吉尔在1899年写的描述苏丹战役的书《河上的战争》中所揭示的那样："英军处死了数千名马赫迪战俘，还处死了他们的领导人哈里发·阿卜杜拉本人，并亵渎了他的尸体。"英国军方也承认这些事实。在记录这段前线生活时，丘吉尔对这样的不光彩行为大加抨击，也数次向指挥官赫伯特·基坎纳将军进言。

尽管人们对战争中发生的种种事情有所争议——也许正是因为存在这样的争议，丘吉尔的这本书取得了前所未有的成功。在书面世之时，丘吉尔已经辞去在第二十一枪骑兵团的职务。恩图曼战役结束后，丘吉尔再次回到班加罗尔，这一次，他逗留的时间特别短，只来得及为第四骠骑兵团赢得一场马球比赛，便于1899年3月离开，之后再未回到印度。

前往开普敦

离开印度后，丘吉尔的人生和职业生涯即将掀开新的篇章。对此，丘吉尔已经做好充分的准备。他此前的军旅生涯已经充分表明，在战场上的丘吉尔是一名不折不扣的勇士；同时，他撰写的图书、报道也让他在英国民众中广为人知。如今，丘吉尔觉得时机已

对布尔战争的评论

"这是一场可怕的战争。荣耀和肮脏、卑猥和崇高在这片战场上交杂在一起……战争的宏大深深地吸引了我，战争的独特让我每年的感受都愈加深刻。我越来越深刻地感受到世界上存在的一些邪恶、愚蠢和野蛮。"

经成熟，准备进入政坛。1899年7月，丘吉尔作为候选人参加了奥尔德姆地区的选举，但是不少选民对他的政治主张存在异议。丘吉尔在此次选举中倾尽全力，但最终还是未能谋得一席之地。

尽管此番铩羽而归，但丘吉尔并未因此心灰意冷而无所事事。此时，还有一场战争风暴在另一个大陆上酝酿着。这次发生在南非，英国和布尔人的德兰士瓦共和国的摩擦不断升级，一场大战迫在眉睫。传言这场战争起因是在南非的金矿中工作的英国矿工受到了不公对待，事实上则是双方为了争夺土地的控制权而大打出手。

1899年9月18日，《每日邮报》聘请丘吉尔作为报社特派记者前往南非，丘吉尔欣然应允。同时，他还答应为《晨报》也提供战地报道，为此还能赚得1000英镑的酬劳。因此，这次前往南非，丘吉尔身兼两职，获得的也是两倍的酬劳。

1899年10月31日，丘吉尔抵达开普敦，不想却遇上了此生最大的一次危机。南非布尔战争是笨重的英国军队和迅捷、灵活、神出鬼没的布尔人游击队之间的战斗。英国人对这种非常规的作战方式十分陌生，甫一接战，便连遭打击。布尔人连战连捷，兵分两路向英军发起进攻。进攻纳塔尔的布尔军队重重包围了莱迪史密斯；另一路布尔军队则包围了西开普铁路线上英军主力驻扎的两个战略要地——马弗京和金伯利。

丘吉尔（右一，戴军便帽者）作为布尔人的俘虏，被关押在比勒陀利亚的一座由学校改造成的战俘营中。他讨厌被关押的感觉，这使得他想起了自己的学生时代。

被俘

1899年11月15日，丘吉尔来到莱迪史密斯附近，和其他大约150人一起，登上一列没有武装的火车。列车在驶过两站后，铁路线旁出现了布尔人的游击小队，大约50人。他们迅速接近火车，准备劫车。几分钟后，火车进入布尔人游击队的射程，对方开枪射击，一枚炮弹击中车头，随后列车撞上铁轨上的石头，三节车厢脱轨。

丘吉尔号召同车的伙伴们一起努力，试图让车头回到铁轨上，以便能够开动起来驶离险境，但未能奏效。布尔人在整个铁路线上部署的游击队兵力超过500名，无奈之下，丘吉尔和同车的伙伴们被迫投降，被押到德兰士瓦首都比勒陀利亚的一个战俘营。丘吉尔立刻开始他的逃跑计划。他第一次尝试是在12月11日，但被机警的布尔人守卫察觉。翌日晚上，丘吉尔成功越狱。趁着夜色，他翻越了战俘营内厕所附近的围栏，跳到另一面黑暗的花园内。另外两个共同筹划越狱的同伴——哈尔达因上尉和布洛基军士长未能和他一起逃脱，丘吉尔只身逃出战俘营。

　　丘吉尔知道距此地几百公里便是葡属东非，而且有铁路直接通向那里，只要能够顺利到达葡属东非，便能够安全回到英国。一番思量之后，丘吉尔决定向葡属东非的洛伦索·马奎斯（今莫桑比克首都马普托）进发。

　　丘吉尔小心翼翼地沿着铁路向前走，他知道这条铁路从比勒陀利亚直接通往葡属东非的马奎斯港口。丘吉尔没走多久就遇上一列火车，他轻而易举地跳上火车，躲进车上运送的空煤袋里。白天的时候，为了不被发现，丘吉尔跳下火车，在维特班克铁路线附近的

在搭着火车逃离六周后，丘吉尔再次来到此前关押自己的那个监狱。不过这一次，他带着一队英军士兵前来，释放这里被关押的战俘。战俘营中一名俘虏梅尔维尔·古达克在日记中这样写道："突然，我们看到温斯顿·丘吉尔带着一队人从山坡上飞奔而来，在我们轰然爆发的欢呼声中推倒了布尔人的旗帜。"

丘吉尔从布尔人手中逃脱，让他立时成为英国民众眼中的英雄，因此，在他抵达德班时也受到当地民众欢迎英雄般的待遇。英国人在1899年12月11日的开普殖民地（今好望角）的马赫斯方丹战役和四天后纳塔尔的科伦索战役中接连吃了两个败仗，丘吉尔的成功逃脱无疑极大地振奋了军心，鼓舞了低落的士气。

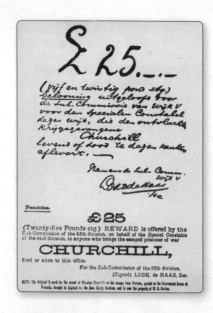

布尔人悬赏25英镑缉拿丘吉尔。丘吉尔躲在矿井的三天中，还抽了一根雪茄。一个非洲男孩闻到烟味后，看到一个白人躲在矿井里，还以为自己见鬼了。

灌木丛中躲了一整天。此时的他正被布尔人通缉。布尔人发现丘吉尔越狱后，便在控制区域内到处张贴有着丘吉尔照片和外貌特征描述的通缉令。

"25岁，英国人，走路有点驼背，红棕色头发，面色苍白，有一点不太明显的小胡子，说话是通过鼻子发音……不会说荷兰语，逃跑时穿着一件棕色的衣服……"布告上还特别提到，丘吉尔发不出字母"s"这个音。

逃跑途中

经过两天昼伏夜出的潜逃，丘吉尔饥渴难耐，心中充满绝望，于是他横下心来，决定冒险一搏。他开始朝有灯光的地方跑去，很快便来到一座房子前，房屋的窗户向外透着煤油灯摇曳的火光。丘吉尔忐忑不安地敲响房门，房门打开了，主人拿着枪指着他，害怕他是布尔人的间谍。听到这些，丘吉尔心中似有一块大石落地，他安全了。户主约翰·霍华德，是英国人，也是附近的一位煤矿主。霍华德把丘吉尔藏在煤矿中，安顿了三天，暂避风头。12月19日晚，在越狱一周后，丘吉尔再次踏上潜逃之路，他跳上一列火车，躲藏在羊毛堆中，继续前往葡属东非。在距离边境线不远的地方，火车被拦了下来，布尔人要对火车进行例行检查。这一停便是18个小时，好在霍华德已经为丘吉尔备好了充足的干粮：两只烤鸡，一些冷肉和面包，一个甜瓜，以及三瓶茶水。布尔人搜查了这趟列

丘吉尔摘下帽子，理了理有些凌乱的头发，到达德班港时，他发现那里挤满了激动的喧闹的人群，欢迎他成功归来。日后，丘吉尔写道："经过一小时的煎熬。我坦率地承认，我很幸运，能够成功逃到一列火车上。"

车，却并没有发现丘吉尔。随后，列车继续开动，驶过边境。当火车再次靠站时，丘吉尔一看到站台上葡萄牙语写的标语便果断跳车。此时的他，从头到脚都沾满了煤炭，他放声呼救，然后顺利获救。12月21日，丘吉尔在葡属东非的洛伦索·马奎斯港的英国领事馆内向《晨报》发了一篇报道《我是如何逃离比勒陀利亚的》。此讯一出，立刻在英国引起轩然大波，丘吉尔的名字一时间在大不列颠帝国家喻户晓。1899年圣诞节前两天，丘吉尔乘坐的轮船抵达南非德班，岸上挤满了热情的民众，人们为他欢呼，迎接英雄归来。此时此刻，温斯顿·伦纳德·斯宾塞·丘吉尔终于实现了期待已久的成为名人的愿望。

第 3 章

政客
丘吉尔

　　1900年，丘吉尔如愿进入议会，但他有关社会福利的"社会主义思想"使得他成为所在的保守党中的异类，饱受排挤。令许多人更加难以释怀的是他于1904年加入自由党这一"跨越鸿沟"的举动。丘吉尔仕途一路顺风顺水，很快便平步青云。到1908年丘吉尔结婚的时候，他已经成为大英帝国政府大臣以及内阁成员。

选举活动是温斯顿·丘吉尔展示个人魅力的理想场所，一如这场1908年4月在曼彻斯特举行的选举公众演说。丘吉尔有着戏剧化的语言表达方式，他的演说词也让人印象深刻。

　　布尔战争爆发的第一个月中，英国军队在南非遭遇连败，朝野上下大为震动，沮丧的情绪很快在民众中滋生蔓延。丘吉尔的成功逃脱无异于一针强心剂，让失落沮丧的民众们精神为之一振。他在德班受到民众的夹道欢迎，也切实感受到那种疯狂的兴奋。兴奋的人群把丘吉尔高举过肩，簇拥着他来到市政厅。丘吉尔就在市政厅前的广场上进行了一场即兴演说，给大家讲述他的冒险经历。后来的岁月中，丘吉尔不止一次提到他非常享受这一时刻。他在南非的军旅生活尚未告一段落。1900年1月，丘吉尔接受雷德弗斯·布勒将军的任命，成为南非轻骑兵团的一名中尉军官。随后，他离开德班，起身前往仍在重重包围之中的莱迪史密斯。战争指挥部禁止现役军官如同丘吉尔此前在苏丹所做的那样，通过向报社提供战场报道领取双份薪水。经过协商，丘吉尔同意不收取军饷，无偿服役，只收取《晨报》的稿酬，向英国国内发去前线的战报。此时的他，已经摆脱了入不敷出的窘迫境地，因此，也并没有太过担心在部队内不领薪资的问题。他作为报纸记者已有声名，赚取的稿酬是他当时在部队中的薪水的十二倍。丘吉尔的第一部小说《萨伏罗拉》（*Savrola*）已经完稿，并于1900年出版；紧接着，他的关于南非战争的书《伦敦到莱迪史密斯》也完本面世。丘吉尔意识到在南非的战事还未结束，民族自豪感尚待重塑，因此他决定继续留在南非，直到英军能够完全掌控战局。1900年2月底，丘吉尔来到了布尔人

对页图：丘吉尔在1901年成为国会议员，从此开始了他在英国议会长达64年纵横捭阖的政治生涯。

重围之下的莱迪史密斯；三个月后，他参加了进攻德兰士瓦的战役，这也是英军击败布尔人的决定之战。

变相的自由主义

1900年7月7日，丘吉尔结束了在南非的军旅生活，离开开普敦回到家中。他等待筹谋已已久的政治新征程即将开启。丘吉尔上一次参选是在补选中代表保守党竞选奥尔德姆选区，该区共有两个议席，但丘吉尔在补选的得票数位居第三，最终失败而归。这一次，该选区的保守党邀请他再次参选。选举在10月份举行，当时英国上下都笼罩在布尔战争的影响之下，因此也被称为"卡其大选"。丘吉尔最终得偿所愿，赢得了奥尔德姆选区两个议员位置中的一个，并于1901年2月14日顺利进入下议院。

1901年2月18日，丘吉尔在泰晤士河畔的威斯敏斯特宫发表了他在议会亮相的"处女演说"。伦敦的《每日快报》（Daily Express）甚至整版刊登了丘吉尔议会演说的报道。在丘吉尔此后的政治生活中，他的每次演说都能创造足够的话题，都能引起人们的关注，也每次都能登上报纸头条，甚至占满整版的位置。

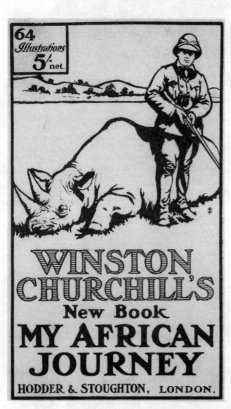

图为1908年出版的《我的非洲之旅》一书的封面，书中收录了温斯顿·丘吉尔1907年在肯尼亚、乌干达、苏丹等地五个月期间为《海滨杂志》（The Strand Magazine）所写的旅行见闻。

　　英国和布尔人之间的战争在1902年画上了句号。丘吉尔渴望布尔人被宽容对待，所幸英国政府与布尔人缔结了相对仁慈的和平协议，甚至拨出300万英镑用于赔偿和修缮被战火毁坏的农场。在余生中，丘吉尔依旧对勇敢无畏地与强大的大英帝国对抗的布尔人民兵们抱有相当大的敬意。

　　倾向于布尔人的立场显然不能被广大选民接受，因此，一直标榜为"反战政党"的自由党在1900年的"卡其选举"中遭遇惨败。尽管不是个反战派，但此时的丘吉尔仍被看作一个"披着保守党外衣的自由党"成员。同他的父亲一样，丘吉尔同样奉行着"托利党民主"的政治哲学，该流派强调政府应当更多承担此时的保守党政府没能承担的职责。丘吉尔坚信政府应当采取政策改善所有人的生活水平，并为劳工阶层提供良好的医疗和福利保障，推行失业补助和退休金制度。

巡回演说

　　在议会之外，好的演说家往往能够在一场演说中得到265英镑的报酬。在他被选为奥尔德姆选区议员后，丘吉尔立刻成了一个专职演说家。此时的丘吉尔几乎是为巡回演说而生的：年轻而精力旺盛，因在南非的英雄事迹而家喻户晓，戎马生涯中积累的战场经历往往能够在90分钟甚至更长时间内牢牢地扣住听众的心弦。

这份高薪工作自然也谈不上轻松，在1900年10月和11月，丘吉尔在短短七周内便在苏格兰邓迪、爱尔兰都柏林和贝尔法斯特等城市进行了多达30场巡回演说。随后他又远渡重洋到了美国和加拿大。在北美进行的演说中，有的场次他甚至能够得到超过1000美元的报酬。当然，在议会之内，他也与他的议员同僚们高谈阔论，推销自己的主张。在步入政坛之初，丘吉尔的演讲便经常引起议会内的激烈争执，这样的争吵几乎伴随了丘吉尔的整个政坛生涯。1901年5月，在进入议会仅仅三个月后，丘吉尔便因一项重要的议题批评了自己所在的政党——索尔兹伯里勋爵所领导的保守党政府因其当时批准了由陆军大臣约翰·布罗德里克发起的动议，决定增加15%的陆军军费开支。

丘吉尔在5月13日的下院演说中说道："我们无法建立起对其他国家的陆军军备优势，英伦的安全也并非由陆军保证，因此我们不能像欧陆那些陆军列强一样'把最后一个铜板也投入陆军当中'。"作为一名前陆军军人，他的发言着实令人吃惊，不过看一看欧洲地图便能明白，丘吉尔所言非虚。即便大不列颠这样的岛国真的面临敌军威胁，那也不会是来自陆地，而是来自于海上。将约翰·布罗德里克爵士所提请的15%预算

在刚进入议会一年后，初涉政坛的温斯顿·丘吉尔就已经吸引了政治漫画家的注意，他们觉得丘吉尔稚气的脸蛋是创作的最佳灵感。但随着丘吉尔在政治领域逐渐显露锋芒，他坚忍不拔的意志和第二次世界大战期间对希特勒的蔑视，让他在人民心中留下了顽强的英国"斗牛犬"的印象。

增加投入皇家海军的建设无疑更有利于维持英国的制海权。丘吉尔同时提议，要注重运用道德和外交手段，而不是单纯着眼于扩张军队的规模。

"不管是对于一般人，还是统治者而言，这个道理都是显而易见的，"丘吉尔继续演讲道，他此时开始举例说明大英帝国在这个时代对全世界的益处，"那就是英国对于世界的影响是健康的、温和的，是有益于人类的福祉的。而如果我们达成了这一致命的妥协，那么我们这个国家立国以来所积存的道德力量和美名将逐渐衰微甚至消逝，最后将被我们这位陆军大臣心目中如儿戏般轻薄却靡费甚巨、华而不实且危险可怕的军事力量毁于一旦。"

叛逆议员

与自己同属一个政党的议员突然调转枪口，这对这届政府而言可谓猝不及防，而正因为此后表现出的自由派和激进派倾向，丘吉尔周边很快聚集起了一群和他一样思想相对叛逆的保守党青年议员，这批议员同他一样对现政府的政策颇有微词。他们被人们称作"休灵根"（Hughligans）或者索性直接被叫作"地痞流氓"（Hooligans）。这群年轻议员中的休·塞西尔勋爵，正是现任政府首相索尔兹伯里勋爵的儿子，不过这名年轻人同样不赞成他父亲内阁所推行的政策。

丘吉尔随后越来越难以与主流保守党议员们保持一致，他在政治上甚至对保守主义进行毫无保留的批评。由于他的思想一直保持激进，他很快便"跳槽"到了自由党。自由党的宗旨同丘吉尔一样，都高度关注社会政策，如医疗保障、更好的住房和教育，以及保证劳工阶层的就业等。

1902年，丘吉尔已经在议会内外掀起了空前的政治对抗。他尖锐地抨击保守党忽视了穷人的利益，并集中火力攻击那些赞同带有贸易保护主义色彩的《帝国关税优惠法案》的议员。该法案将对从大英帝国领地之外进口的货物征收额外关税，而这将导致食品价格

的上涨，对于底层的贫困家庭而言可谓雪上加霜。因此，丘吉尔赞同自由贸易并提倡零关税。丘吉尔的活跃引起了保守党阵营的强烈反应，他们尖锐地批评丘吉尔对他们的背叛以及对下院正常秩序的扰乱。

尽管丘吉尔对保守党进行了猛烈抨击，但丘吉尔还没那么容易与他父亲曾坚定支持20年的政党分道扬镳。丘吉尔采取了折中的手段——他打算在保守党内部组织一个旨在推进食品进口免税的同盟，从而可以将自由贸易提案提请议会表决。1902年7月，食品特别免税同盟以"联合自由贸易者同盟"（Unionist Free Traders）之名正式发起，60名保守党议员参加。不过这些保守党议员很快对丘吉尔依旧猛烈抨击政府大臣的行为感到不满。不仅如此，丘吉尔还在选举前公开支持一名自由党候选人，这在保守党议员们眼中无异于公然的背叛。

由于他的离经叛道，丘吉尔在议会内外都受到了保守党同侪的挤兑。1903年7月，爱丁堡党支部取消了其对丘吉尔列席一次会议的邀请。在奥尔德姆选区，当地的保守党协会也告知丘吉尔他将不会被选为下一轮议员选举的候选人。

改弦更张

随着他不断投票反对保守党现政府，议会内的反丘吉尔阵营在1904年年初达到高潮。自由党方面则意识到这位精力旺盛的保守党"叛徒"正是他们在下院值得笼络的不二人选，并立即邀请他作为曼彻斯特西北选区的候选人参加下一届议员选举。保守党方面自然对此十分愤怒。3月29日，丘吉尔在下院关于经济的辩论中起立发言时，保守党政府首相亚瑟·巴尔福（Arthur Balfour）起身离开议

对页图：作为在南非的一名战地记者，丘吉尔根据自己的观察发现，仅仅不参与战斗是无法保证自己的人身安全的。丘吉尔记录了自己在1899年被布尔人俘虏后的处境："我很清楚自己的具体处境，像我这样算是半参与了战争的人，即使没有亲手开枪，也有可能被对方的战地军事审判裁决为就地处决。"

事堂，与他同一阵营的内阁大臣和后座议员们也离席表示抗议。

两个月后，1904年5月31日，丘吉尔来到下院，并与现政府阁员和反对他的保守党议员进行了简短的交流。在向下院议长鞠躬——这是所有议员都必须完成的礼节——之后，他起身向右，走向自由党的席位。他恰好坐在他的父亲伦道夫勋爵20年前于保守党阵营中供职时的议员席位。坐在他身边的是戴维·罗伊德·乔治（David Lloyd George），一位来自卡那封选区个性鲜明的自由党议员。

丘吉尔这次"改换门庭"不仅仅是在下院内的阵营改变，他不仅被看作是一名自由党议员，还被看作是由罗伊德·乔治所领导的自由党激进派的干将。丘吉尔的"背叛"引起了保守党阵营的激烈反应。保守党的根基——党内的俱乐部组织，从此也疏远了他。在压力之下，他被迫退出了卡尔顿（Carlton）俱乐部，此前他曾在这个俱乐部中活动达五年之久。而立场更为保守的休灵根·博罗俱乐部则干脆以暗箱操作的方式除掉了丘吉尔的会籍。这种做法在整个俱乐部的历史上是前所未有的。

阁员之才

尽管丘吉尔此时仅仅是一名新晋议员，但他的才干已经让人相信他拥有成为内阁成员的资格。在1906年1月自由党赢得大选后，亨利·坎贝尔-班纳曼（Henry Campbell-Bannerman）爵士领衔组阁，自由党方面给了丘吉尔财政部财务司司长这一初级职务。丘吉尔拒绝了，他的策略非常精明，甚至是投机取巧的。如果进了财

第3章 政客丘吉尔

政部，他将成为在下院中十分强势的财政大臣赫伯特·阿斯奎斯（Herbert Asquith）的属下。而相比之下，第九代埃尔金伯爵、殖民地大臣维克托·亚历山大·布鲁斯（Victor Alexander Bruce）则较为内敛，在其所处的上议院中很是低调，是更为理想的上司。因而，丘吉尔请求并被获准成为殖民地事务部次官。作为埃尔金伯爵在下院中的得力干将，丘吉尔将拥有更大的自主性，并在议会中获得更多关注。

在殖民部期间，丘吉尔终于得到了将自己的政治抱负付诸实践的机会。他的第一个举动便是推动与南非的布尔人共和政府——德兰士瓦与奥兰治自由邦（the Transvaal and the Orange Free State）达成较为优厚的和解协议。丘吉尔决心让南非的布尔人与英国移民得到同等待遇。"我们不能，"他写道，"让我们的民族在取得胜利后便趾高气昂，从而产生对其他民族的莫名优越感。"

1906年下半年，两个自由邦都得到了英政府的自治许可，并在

1901年2月18日，丘吉尔在下院做的初次演说：关于南非的布尔战争问题

"我希望议会能够审慎地考虑新的（南非）政府的架构，到底是组建平民政府还是军政府，并采取何种措施提升民众对政府的信心，使他们从边远的逃难地返回家乡。我很清楚这些南非定居者都是荷兰人。议员中有人认为可以在军政府的架构下组织代议制议会，但我觉得民众可能非常讨厌军政府……虽然我认为英国的军官团是世界上最为善战的……但我不认为他们的素养和所接受的训练足以让他们管理民政，特别是管制同样身为欧洲种族的南非白人……我曾经常目睹老且可敬的布尔人农场主不得不遵行年轻而固执的英国军官所发布的独断专横的命令……我敢肯定，一个强加给他们的军政府只会加深布尔人对英国定居者的愤怒与不满。"

之后很快完成了政府的选举。"全世界穷苦阶层的诉求，"丘吉尔在下院的演说中讲道，"都应得到尊重，全世界的弱小民族，也应当得到更多生存的空间；而伟大的帝国则应当被鼓励如我们在南非一般向前迈进，让文明和慷慨的曙光照耀整个新时代。"

职责与正义

丘吉尔的理想主义正是他所坚信的自由主义原则的核心。比丘吉尔足足大了25岁的埃尔金伯爵发现他经常被这位比他年轻得多的副手教训。丘吉尔的评论措辞太过激烈，以至于埃尔金将这些文件贴上白纸以不让他的官员知道。

丘吉尔告诉埃尔金："我们的使命，便是坚持公理，保证裁决过程得到严格确实、一丝不苟的执行。"对丘吉尔而言，事无巨细都要缜密考虑，尤其是在权力可能被滥用时。当锡兰（今斯里兰卡）总督认为哪怕是扶起倒伏的铁道线护栏也要向上级（殖民部）申请实在"太不便利"的时候，丘吉尔告诉埃尔金伯爵："自由党非常看重个人权利的保障和法律得到公正贯彻，而根本不在意殖民地总督那微不足道的'威严'。"有一次，埃尔金伯爵甚至发现他自己因拒绝批准他的下级（丘吉尔）所急切推行的政令而反遭后者的申斥。"在驳回我的请求的时候，"丘吉尔在信中写道，"您没有给出合理的理由，也没有对我如此急切地向您提交的这份非常重要的政令秉持公正的态度。"

丘吉尔直面世上一切不公的热情激怒了他的一些同侪。"他利用一切可以担任的职务，不知疲倦地去打抱不平——就像他父亲曾经做过的那样，我担心这会引发问题，"殖民部高级公务员弗朗西斯·霍普伍德（Francis Hopwood）评论道，"他那几乎无穷无尽的精力，对于名声不可控制的欲望……都让他陷入急迫与焦虑当中。"

最低生活水平

　　虽然殖民部内部对丘吉尔颇有微词，但这种不满情绪并没有传递到埃尔金伯爵那儿去。1906年年底，有人风传丘吉尔可能会成为下一届教育委员会主席的人选，埃尔金开始担心他会失去这位得力的副手。"我一度搜肠刮肚，试图从任何（一封信件）上找到这个谣言可能成真的蛛丝马迹，如果那是真的，我就将失去你的助力。"埃尔金曾如此告诉丘吉尔，直到谣言散去，他才松了一口气。

　　但丘吉尔此时已经开始着眼将来，并思索如何在殖民部权力范围之外去推行那些暂时无力实现的政策。他长期关注劳工阶层的贫困和衣食无着的悲惨境遇。在当时英国这一等级制度森严的阶级社会中，贫苦大众想要改变命运、脱离自身所处的阶层，可谓难于登天。丘吉尔认为，在此情况下，国家有责任提升劳工阶层及其家庭的生活水准。于是他制订并力推了一系列被他称为"最低生活水平"（Minimum Standard）的法案。

　　"最低生活水平"法案的目标分别是：禁止童工；设立职业介绍所，让雇佣者和求职者能够更快捷地实现接触；工作时间也需要进行限制，让工人能够有时间休息；同时国家对因失业而生活困难的家庭实施救济。这个法案同时建议国家设立年金制度以保障无力工作者的生活。在20世纪初，这些想法不可谓不激进，理所当然

1905年5月31日，丘吉尔抨击保守党的反自由贸易

　　"我们知道他们期望的是什么——一个巨大的既得利益集团，不仅在国内推行腐败统治，还会为了掩盖罪行无端对外国发动侵略……以政党机器实行暴政；这群利欲熏心、全无爱国热忱的家伙……一面仅仅给劳动者们堪堪糊口的食物，另一面则无情地压榨着百万英国人民的血汗……"

地，这些"离经叛道"的想法遭遇了强烈的反对。

幸运的是，丘吉尔的主张得到了阿斯奎斯的有力支持，后者于1908年4月取代坎贝尔·班纳曼成为首相。阿斯奎斯对丘吉尔的政治主张和他充沛的活力印象深刻。他随即提拔丘吉尔就任商务大臣，这一职位不仅给了丘吉尔推进他的社会改革计划的机会，也让他得以积累和工业界打交道的经验。丘吉尔于4月9日就任，开始了他的第一个内阁成员任期。

呆若木鸡

此时年方33岁的丘吉尔堪称年少得志。但在高等政务部门工作的巨大压力让丘吉尔急需找到一个贤内助。他此时已经邂逅了一个非常理想的人选——美丽而聪颖的克莱门汀·欧吉里维·霍齐尔（Clementine Ogilvy Hozier）。他们的初次邂逅是在1904年的一次社交舞会上，不过这个邂逅根本谈不上美丽。丘吉尔当时被克莱门汀那靓丽的外表和那双水灵的明眸给彻底迷住了。他事后形容那双眼睛"惊奇而令人入迷"。克莱门汀则回忆道："丘吉尔当时就愣在那儿。他一言不发，看起来就像呆住了一样——他没邀请我跳舞，也没邀请我共进晚餐……他就站在那儿，直直地看着我。"

四年后，当他们重逢时，丘吉尔已经成为一个重要的公众人物，且更为自信了。此时的他早已明白，他需要找一个女人结婚，这个女人必须能够容忍他那根本没有章法的生活，并能够轻松地融入他的交际圈子，还要能够包容他的秉性和爱好。到1908年年底的时候，丘吉尔终于明白，克莱门汀·霍齐尔正是能满足他所有需要、能与他共度余生的不二选择。

下页图：1908年，丘吉尔检阅海军仪仗队。这一年，英国议会中关于无畏舰的议题一直争论不休。议题大都集中于英国皇家海军需要建造多少艘这样强大的战列舰来对抗德国海军。丘吉尔和劳合·乔治认为，四艘无畏舰足矣，可以省下一些资金来支持社会改革。而在议会中，他们的对手保守党议员则认为皇家海军需要八艘这样的战列舰。

在布莱尼姆宫的求婚

作为伯爵的孙女，克莱门汀与丘吉尔当然是门当户对的，但她的家史却只能称得上不幸。她的爵士父亲亨利·霍齐尔上校（Colonel Sir Henry Hozier）抛弃了她的母亲，让这位可怜的妇人和他们的三个女儿一度挣扎于极端贫苦的境地。这样的早年经历塑造了克莱门汀的坚强性格，并让她懂得如何操持当时上流社会的小姐们通常知之甚少的日常家务。克莱门汀还比不少贵族小姐们接受了更多的教育，她贫苦的家境迫使她必须学得更多来赚钱以自食其力。

1908年8月，丘吉尔将克莱门汀邀请到他出生的布莱尼姆宫，丘吉尔认为这里是求婚的理想场所。但在随后的两天里，他却没能

克莱门汀·霍齐尔和温斯顿·丘吉尔的订婚照。二人是一对真爱伴侣，且关系一直保持亲密，在热恋期间，他们会亲昵地称呼对方为"猪先生"和"猫咪太太"。

鼓起勇气跟她开口。到了第3天，他的表兄桑尼——现任马尔伯勒公爵，走到他的房间里，把他拽了出来，给他鼓劲儿，让他把话说出来，还告诉他不然这个姑娘很可能离他而去。于是丘吉尔邀请克莱门汀在宫殿的花园中一道散步，花园中恰好有一座狄安娜女神（罗马神话中的月神和狩猎女神）的小神庙。在这个浪漫的地方，丘吉尔终于鼓起勇气求婚，克莱门汀欣然接受。他们在一个月后的9月12日于威斯敏斯特区的圣玛格丽特大教堂完婚，并在意大利和奥地利度过了他们的蜜月。

1908年9月12日，丘吉尔和男傧相休·塞西尔勋爵一起抵达伦敦威斯敏斯特的圣玛格丽特教堂。英国国王爱德华七世送给丘吉尔的结婚礼物是一枚金币和一根手杖——丘吉尔在余生中一直用的那根手杖。

"我结婚了，"丘吉尔在自传中写道，"之后的婚姻生活无比快乐。"这样的描述其实并不尽然。对于精力旺盛、不知疲倦并如饥似渴地追求着新体验的温斯顿·丘吉尔来说，崭新的婚姻生活并不是那么好适应的。他们夫妻之间自然经常发生争吵，但他们的关系从未破裂，由于丈夫"过山车般"跌宕起伏的生活，克莱门汀经常会时不时地"消失"一段时间来平复自己的心情。与从公众场合抛头露面中获得满足的丘吉尔不一样，较为含蓄的克莱门汀不太乐意进入大众的视野。但无论如何，丘吉尔与克莱门汀这对伉俪算得上真正的灵魂伴侣。克莱门汀很快便成为丘吉尔最亲近的朋友和最坚定的支持者，并一同度过了长达56年的婚姻。

蜜月结束后，丘吉尔再度投身于政治，克莱门汀开始体会成为

克莱门汀和温斯顿·丘吉尔的婚姻差一点就天折了。据丘吉尔的女儿玛丽回忆："她（克莱门汀）认识到了自己感情生活的真正对手——丘吉尔的政治生活……在那短暂的一刻，她动摇了，退缩了。"根据玛丽的说法，政治几乎占满了丘吉尔所有的时间和全部的兴趣。

公众人物的妻子所要面对的巨大压力。1909年，丘吉尔所力推的社会改革提案终于通过了议会辩论并行将完成立法。这些提案包括设立养老金制度、国家失业保险和医疗保险，设置最低收入标准以及建立职业介绍所等。如丘吉尔所预料的一样，这个提案在上院遇到了顽固的阻挠。双方争辩的焦点集中在被称作"人民预算案"（People's Budget）的法案上，该法案要求向高收入人群征收重税，并对地产征收新的税种以向老年人群发放养老金。上院坚决反对这些措施，他们认为这些举措简直是"社会主义者的手段"。该提案在上院的投票中以375：75的压倒性反对而被否决。

下院对阵上院

　　丘吉尔理所当然地用他那锋利的言辞对上院发动全力炮轰。"那群人（上院），"他在演讲中说道，"就是一群迂腐的、顽固的、落后于时代的家伙的集合体，一群残存到现在依旧以封建时代的规则自居的遗老遗少，一个早应被淘汰的落后集团。"

　　自由党政府自然不会对上院的不配合全无手段，自由党人很快提出了一份《议会法案》（Parliament Act），这份法案废除了上院对财政预算案的否决权并规定任何法案在被上院否决至多两年后便可以自行通过。虽然该法案遭到上院的坚决反对，但英王乔治五世（George V）以立即册封500名自由党人成为贵族（贵族可以自动成为上院议员）为威胁让这份法案毫无悬念地得到了通过。慑于自由党势力在上院占绝对多数的可能性，上院决定让步，1911年8月10日，上院通过了《议会法案》和《人民预算案》。

监狱改革

志得意满的丘吉尔立即投身于下一项挑战中。1910年2月15日，他获得了内政大臣的任命。此时丘吉尔的首要任务是改革监狱制度，他认为此时英国的监狱制度惩罚性过强，且效率堪忧：释放的犯人中有四分之三都会在刑期结束后的一年内再度犯案。丘吉尔从未忘怀自己在1899年被布尔人俘虏关押时的沮丧和耻辱，而在内政部算是"独一份"的入狱经验让他能够从犯人的角度考虑问题。他提出减少轻罪犯的刑期，对前科犯施以优待，减少少年犯的数量并翻新监狱，增加图书馆和娱乐设施。

丘吉尔是首位决定区分刑事犯和政治犯、惯犯和偶然犯的内政大臣。他同时细

这张照片记录了1909年时任贸易委员会主席的温斯顿·丘吉尔在约克郡的索尔特本推行年度预算的演讲。丘吉尔提出的这一革命性计划旨在改善工人阶级和穷人的生活。

心复核死刑执行并尽可能争取死刑得到缓期执行。他甚至还批评个别法官，认为他们判处了罪犯不当的刑罚。当时的刑罚之混乱，从一个盗窃柠檬汁的罪犯被判七年徒刑，偷盗苹果也会入狱七年等荒唐的判决便可见一斑。

丘吉尔对监狱系统的改革成了他的政敌们——尤其是保守党议员们——抨击他的借口。他们声称丘吉尔对罪犯心慈手软，并且会威胁到司法的独立。但由于丘吉尔的自信和强烈的使命感，他无视了这些莫须有的指控，只把这些声音当作仍根植于时代中的陈腐思想的反映。要知道，在那个年代，大多数人仍不能明白正义和复仇之间的区别。

即便把批评的声音当耳旁风，丘吉尔发现惩戒系统的改革仍然压力重重，甚至于他的乐观主义和热忱有时也不堪重负。监狱、囚犯和惩戒措施的糟糕现状令人沮丧。丘吉尔随后也不得不承认，内政大臣"是最让我希望请辞或者离任的内阁职位"。"我们不能忘记，"他后来评论道，"当每一项监狱生活条件改善措施发挥作用时……当犯人得到更好的食物和医疗以及锻炼时，当医生、牧师和探监访客出入于监狱中时，囚犯们便会醒悟，他们自己和自由的普通人相比，究竟被法律剥夺了什么，那便是生活。"

1909年12月17日，丘吉尔抨击上院

"上议院的议员们并不是肩负着选民赋予他们的使命的普通被选举人……上议院的这些议员，无论他们愿意与否，他们是祖祖辈辈都在这里，享受着祖先的余荫。作为杰出人物的后代，他们自然也肩负着诸如立法等职能。我的主张就是，我们应当要国家的这一阶层履行他们与生俱来的随着血缘和法律沿袭下来的责任和义务。他们应当依靠自身长期积累的人格魅力，智力和经验，为满足公众需要和民意完全独立地行使职权。"

汤尼潘迪暴动

令丘吉尔倍感压力且让他长期遭受诟病的，便是威尔士朗达谷的汤尼潘迪所发生的暴乱。1910年11月，当地煤矿主和煤矿工人之间的劳资纠纷最终演变成了暴力对抗。警察紧急开进以恢复当地的秩序，但矿工们的武力反抗让骚乱很快变成了一场暴动，屋舍的窗户被砸碎，抢劫公然发生。绝望中，格拉摩根郡警察局长直接向陆军发出请求，要求派出400名步兵和骑兵部队前去平定暴动。

虽然作为内政大臣的丘吉尔名义上负责控制整个局面，但直到11月7日上午晚些时候他才知道军队正开向暴乱地区。他随即命令这些部队原地待命。参与行动的步兵在威特尔郡的斯文顿停下了脚步，而骑兵部队则在卡迪夫停止了前进。随即，丘吉尔命令200名警察和70名骑警从伦敦出发前去帮助镇压骚乱。他随后在下院对议员们说道："我们必须采取措施，防止工人与军队在工业企业内部发生冲突。"11月8日，丘吉尔得到批准，派出一位高级工业仲裁员前去与罢工者们交涉。三天后，罢工者们接受了交涉并在卡迪夫与仲裁员见面。此时保守党阵营的报纸疯狂攻击丘吉尔不派出部队的举措，并在《泰晤士报》的报道中写道："一群无法无天的醉酒暴徒正得偿所愿地大肆破坏。"

不幸的是，在卡迪夫进行的交涉于11月21日以遗憾告终，暴动升级。愤怒的矿工们袭击了煤矿并冲进了汤尼潘迪村，砸毁了63间商店。在警察竭力维持秩序期间，一名矿工被打死，死因很明确，是头部受到警棍重击。丘吉尔最终同意军队开进彭提普利德（Pontypridd）——阿贝达尔与朗达谷的交界处，随后又批准军队开进朗达谷。军队在朗达谷驻扎数周以维持秩序。而暴动矿工则在几乎一年后的1911年10月才被迫回到各自的煤矿继续工作。

下页图：1911年1月，警察包围了位于伦敦东区西德尼街的一座房子，准备抓捕这里藏匿的两名武装无政府主义者。警察纵火焚烧了房子，两名无政府主义者也葬身火海。丘吉尔（大门口那位），彼时的内政大臣，无法抵挡亲眼见证行动的激动。事后，丘吉尔因为自己这次冒失的行为，受到人们的批评，批评他作为政府要员居然如此不顾自己的安危。

暴乱之后

　　汤尼潘迪暴乱很快让工党在议会中崛起，并引发全国工会组织对丘吉尔的反对。丘吉尔此前对于改善贫困人口生活的努力也很快被人们遗忘，他很快成为劳工阶层眼中压迫者的象征。1911年8月19日，威尔士拉内利铁路工人罢工，工人袭击一列火车，推倒机车头，拆毁铁轨，并洗劫了一座警察局。这一次丘吉尔立即命令军队进行镇压，在随后双方的肉搏和枪击中，2名平民丧生。这一事件更加加重了丘吉尔在工人阶级中的骂名。

　　拉内利罢工并没有像汤尼潘迪暴乱一样引发对丘吉尔的激烈反对。但在很多年后，在工党和工会组织"勿忘汤尼潘迪"的口号

下，丘吉尔的形象已经被妖魔化了。甚至在2000年，丘吉尔去世35年后，在一次反对资本家的游行示威中，丘吉尔位于议会广场的雕像仍被示威者们泼上了红色油漆。

对丘吉尔而言谈得上幸运的是，他的内政大臣生涯很快便结束了。1911年10月24日，他被议会正式任命为第一海军大臣（First Lord of the Admiralty）。长久以来，丘吉尔都一直认为，保卫不列颠免受外敌侵犯的最佳手段是建立一支强大的皇家海军，这一次，他终于有机会将这一抱负付诸实践。

丘吉尔命令一支兰开夏郡燧发枪团的分遣队前往威尔士的朗达谷，镇压那里暴动的矿工。丘吉尔此次动用军队镇压工人的行为，将一直影响他与工人阶级的关系。

第 **4** 章

第一次
世界大战

1911年到1929年，丘吉尔经历了政治生涯中最严酷的时代。1915年达达尼尔海峡战役失败后，丘吉尔被迫从第一海军大臣的位置上辞职。在1926年的大罢工期间，许多工人也开始仇恨丘吉尔。1929年，丘吉尔暂时离开了内阁，也远离了大不列颠的政坛中心近十年之久。

温斯顿·丘吉尔（右）作为皇家苏格兰燧发枪团第6营指挥官，在第一次世界大战期间有过短暂的服役经历。近55年后的1965年，温斯顿·丘吉尔用他毕生为大英帝国的付出赢得了全民的尊重，该燧发枪团在他的葬礼上鸣枪致敬。

1911年，丘吉尔被任命为新的第一海军大臣。就在他走马上任前的三个月，在大西洋沿岸的北非发生了一起事件。这是丘吉尔第一次处理国际事件，他将如何扮演自己的角色，人们都不得而知。1911年7月1日，德国炮舰"黑豹"（Panther）号驶进了摩洛哥的阿加迪尔港口，此处属于法国的势力范围。从表面上看，"黑豹"此行是为了保护当地的德国商人，但法国对此却深深感到担忧。英国政府相信，阿加迪尔危机只是德国人行动的第一步，德国海军想在此地区彰显力量进而控制此地的祸心已是昭然若揭。英国政府认为，这种对峙的状况会一直持续到秋天。因担心德国人会威胁到自己的海上霸主地位，英国政府决定支援法国。英国皇家海军和法国舰队都进入戒备状态，政府通过了一项防止德国入侵法国的计划。与此同时，德国人的舰队也在基尔的海军基地集结整备。

1918年10月27日，第一次世界大战即将结束之际，丘吉尔造访法国里尔，受邀前去参观盟军几周前刚刚解放的地区。

最终，在英国和法国的联合重压之下，德国人退缩了。此次事件给丘吉尔清晰地上了一课。他确信，阿加迪尔不单单是德国人与法国人的纷争，也是将来英国与德国之间难免一战的征兆。丘吉尔愈发坚信他长久以来所保持的观点，即要保护英国人免受德国人的侵犯，唯一的有效手段是壮大英国皇家海军，直至无人能敌。丘吉尔好斗的天性使得他从来不被威胁击退，他的一贯态度就是蔑视威胁。这样的态度，在他此后三十多年的政治生涯中，尤其是在第二次世界大战期间，表现得淋漓尽致。

在英国海军部内，丘吉尔提议通过一项针对阿加迪尔危机的预备计划，以保持英国皇家海军对德意志帝国海军的战略优势。在接下来的两年半时间内，丘吉尔考察了船坞、造船厂以及在建的战舰，视察了海军军营和朴茨茅斯潜艇学校。在考察期间，丘吉尔对战舰的修理、改装以及弹药和鱼雷的补给计划表查看得非常仔细。在这段时间内，丘吉尔的生活起居以及工作办公都是在海军大臣座船"女巫"号（Enchantress）上进行的。

心有所系，分身乏术

丘吉尔的工作非常繁忙，这使得他在订婚期间都没有多少时

丘吉尔非常喜欢当时贵族间极为流行的娱乐活动：打猎和射击。这张照片摄于1910年，记录了丘吉尔在约克郡一次打猎的场景。丘吉尔对自己使用枪械的能力非常有信心，1898年，他在恩图曼作战期间就展现了自己的手枪射术。

1910年在索尔兹伯里平原举行的军事演习中，丘吉尔和后来第一次世界大战中在法国的英国远征军总司令约翰·弗兰奇爵士（右边）并辔而行。

间留在家中，但克莱门汀对此毫无怨言，还偶尔去"女巫"号上陪他。当克莱门汀不得不回家时，两个人都深深地感受到分离的痛苦。此时的温斯顿·丘吉尔和克莱门汀已经是两个孩子的父母。他们的大女儿戴安娜出生于1909年7月11日；他们唯一的儿子伦道夫出生于1911年5月28日。丘吉尔思念家人的心情非常急切。在温斯顿·丘吉尔的童年印象中，父亲是那样的遥远，这样的经历使得他担心自己与孩子们这样断断续续地相处会在孩子们心中也留下如自己父亲般的印象。

　　海军部繁忙的工作使得丘吉尔虽心有所系，但分身乏术。丘吉尔终身都对创新和军械着迷。比如，丘吉尔就曾醉心于约翰·阿巴斯诺特·费舍尔海军上将所提出的超无畏舰。这是费舍尔上将在1906年时首次提出的大胆构想，这艘前所未有的战舰使用的燃料是燃油而不是煤炭。计划中的超无畏舰，航速能达到25节——超过无畏舰20％；装备8门火力强大的15英寸（381毫米）口径舰炮，而无

丘吉尔对飞行有着极为浓厚的兴趣，他不愿意放弃任何可以翱翔蓝天的机会。图中照片记录了1915年丘吉尔亲自搭乘一架陆军的双翼飞机前往朴茨茅斯的场景。

畏舰的火力配置则是10门12英寸（305毫米）口径舰炮。1912年，英国批准建造新型的超无畏舰——"伊丽莎白女王"号战列舰。1915年1月，"伊丽莎白女王"号超无畏舰竣工下水，这使得其他的战舰立时显得陈旧不堪。超无畏舰是20世纪初战舰技术史上的一次巨大的革新，同时，它给英国带来的最直接的影响就是，大大加强了英国皇家海军的军事力量，进一步加大了其对别国海军的优势。

丘吉尔也曾着迷于另外一个同样令人兴奋的进步——航空，以及它作为一种新的战争武器的潜力。早在1911年，莱特兄弟第一次实现人类在天空中飞行的八年后，丘吉尔便设想组建一支海军航空兵，在天空中利用炸弹和机枪攻击敌人的地面部队。丘吉尔不只是在政策上不遗余力地倡导推行这种力量，自己还成为热衷航空的爱好者。他甚至在1913年年初开始上飞行课，接受飞行培训。

1914年6月28日，奥匈帝国皇储弗兰茨·费迪南大公携妻子索菲亚在波斯尼亚首府萨拉热窝访问时被塞尔维亚民族主义者刺杀。随着枪声响起，一场席卷世界的大战爆发。8月4日，英国对德宣战，欧陆其他强国也陆续于11月卷入其中。第一次世界大战的参战国分为两个阵营：德意志帝国、奥匈帝国和奥斯曼土耳其属于同盟国阵营；大英帝国、法兰西第三共和国和俄罗斯帝国组成协约国阵营。

冲突扩大

8月28日，英国皇家海军首战告捷，他们在北海的赫里戈兰湾击沉三艘德国巡洋舰。此后，英国皇家海军舰队驻扎在苏格兰北部的斯卡帕湾，阻断进入大西洋的路径。此役使得令英军颇为忌惮的德意志帝国海军战列舰舰队被封锁在港口，难以出海。尽管英国海军成功封锁了德军的出海口，但战争仍在持续，双方各有损失。1914年9月，德国海军在北海的多戈尔沙洲附近击沉三艘英国皇家海军的巡洋舰。在此后的10月和11月，德国海军潜艇部队又陆续击沉三艘英国皇家海军的巡洋舰。

此时欧洲大陆的西线战场，英法联军在法国和比利时边境接连遭遇败仗，正在败退当中。到了10月，战线终于稳定下来，在法国的战斗进入僵持阶段，变成残酷的堑壕战：铁丝网和堑壕将双方分割开来，战场上寸土必争，每一寸土地都被交战双方的鲜血浸染，死亡的阴影笼罩着战场上的每一个人。英国政坛也笼罩在一团阴郁之中，前线努力搏杀，却没有捷报传来。摆在英国首相面前的一项重要任务就是如何振奋军心，如何修复连连受挫的士气。1914年12月，英国首相阿斯奎斯组建了战争委员会，去鼓舞士气；同时，英国政府决定开辟第二个战场，以打开弗兰德地区的僵持局面。

最有希望获取战果的机会就是进攻奥斯曼土耳其——这个欧洲大陆当时军事力量最弱的集权政府。时任英国第一海军大臣的温斯顿·丘吉尔提出方案，让英国皇家海军主动发起进攻，在奥斯曼土耳其的达达尼尔海峡登陆。达达尼尔海峡长45英里（约72千米），连接爱琴海和马尔马拉海，是奥斯曼土耳其帝国首都君士坦丁堡（今伊斯坦布尔）的门户。在丘吉尔的设想中，攻占达达尼尔海峡，一方面可以迫使奥斯曼土耳其退出战争，另一方面可以打通从金角海到黑海的道路，支援俄国军队。1915年2月中旬，英法联合舰队15艘战列舰拉开了登陆行动的序幕。两轮猛烈的炮火覆盖后，

1913年11月10日，丘吉尔评论英国皇家海军航空队

"我冒昧地提出我的看法……国家的安危不可能只依赖于现有的武装力量，除非是在航空领域有超前的发展，否则无法保证我们国家处于世界前列……敏锐的眼睛、可靠的双手、无畏的内心，为了目标甘愿冒险并为之牺牲——这正是我们的皇家海军所拥有的宝贵品质——也是建立和完善空中作战不可或缺的因素……（发展航空兵）不仅在于确保英国皇家海军的强大，也在于保卫国家的安全。"

奥斯曼土耳其海岸要塞的反抗力量被彻底压制，偃旗息鼓了。但是，战争的走向却并未如英法联军所预料那般。三艘联军战列舰相继爆炸沉没：此前土耳其军队曾在海峡中布下水雷阵。五艘联军战舰则驶入了另一处未被发现的水雷阵，于是又有三艘沉没，两艘失去战斗力。雪上加霜的是，奥斯曼土耳其海岸防卫部队的炮火又摧毁了一艘联军战舰，这是战役中损失的第九艘战列舰。

灾难性的断崖式着陆

　　惨烈的战争还在继续，协约国的失利进一步扩大。1915年4月25日，在达达尼尔海峡发起的向加利波利半岛登陆作战的战役不啻一场灾难。英军和16000多人的澳新军团在两个不同地点同时发起登陆作战，随后法军在海峡对面达达尼洲另一侧登陆。英军和澳新军团虽然建立了滩头阵地，但在奥斯曼土耳其军队的猛烈炮火压制之下，被困在临时掩体中动弹不得，无法将部队展开，因此又被赶了回来。经过几个月的血腥战斗，在付出了惨痛的代价之后，1915年8月6日，英军连同澳新军团再次发起登陆作战。此役，虽然登陆时并未遭到猛烈抵抗，但登陆部队却没能及时扩大战场，巩固滩头阵地，贻误了战机。最后，这次登陆作战也以失败告终。

　　1915年年底，联军被迫承认达达尼尔海峡作战失败。此役历时超过两百天，约有25.2万名士兵伤亡或失踪，超过参战人数的一半。参战部队在1916年1月撤离战场。付出如此惨痛的代价，却毫无战果，也毫无荣耀可言，这对公众的心理来说，无异于最沉重的打击。在当时英国民众心中，"达达尼尔"和"加利波利"这两个词已经成为战争的野蛮和浪费的代名词。人们一想起这两个词，就想起那些惨重的损失，想起那段晦暗的日子。这次失利也直接导

下页图：1913年9月，时任英国海军大臣的温斯顿·丘吉尔（中）参加陆军演习。图中三人为温斯顿·丘吉尔、他的弟弟约翰（右），以及在南非布尔战争一起并肩作战过的密友伊恩·汉密尔顿爵士（左）。

致了丘吉尔政治生涯断崖式下滑，让他一度一蹶不振，在此后几年内也无法抬起头来。保守党抓住机会，欲报丘吉尔当年与保守党决裂的一箭之仇，丘吉尔作为自由党人达到如今的政治高度让他们怒火中烧。达达尼尔海峡战役的惨败为保守党人提供了完美的契机，他们给予了其政治对手温斯顿·丘吉尔致命一击，迫使他在1915年下野。

幻灭

战争开始之初，英国两大党派为了国家利益同意休战联合。1915年夏天，阿斯奎斯决定组建一个联合政府，但保守派提出一个要求：丘吉尔必须辞去第一海军大臣的职务。相比于得到丘吉尔的协助，阿斯奎斯更希望得到保守党人的支持，因此他免去了丘吉尔海军大臣的职务，委任他为内阁中地位比较低的"不管部大臣"[1]。虽然此时的温斯顿·丘吉尔仍在政府内阁当中，但他却受到严重的打压。克莱门汀看到丘吉尔日夜备受煎熬，十分痛苦，"我以为他会悲伤至死"，克莱门汀日后回忆道。

那年夏天，丘吉尔和他的家人一起，在萨里的戈德尔明附近的一处山坳农场内度过。在这片僻静的地方，丘吉尔默默地舔舐伤口，平复心情。他开始作画，开始是画水彩画，后来又画油画。作画自此成为丘吉尔一生的兴趣，被他形容为"能够让我忘记所有烦恼的绝妙治疗手段"。与丘吉尔独居一隅、默默忍受不同的是，外界关于达达尼尔海峡战役的失败一直争论不休。整个1915年，报纸上关于达达尼尔海峡战役的报道从未消停，舆论纷争持续不断。《泰晤士报》将这样的舆论风评推上高峰，他们批评丘吉尔的"令人不安的个人冒险"，认为他对权力的渴求十分贪婪。有篇社评还以头版报道，指责丘吉尔曾刚愎自用、十分武断地公然否决他在战争委员会的海军顾问的意见。

---

[1] 即未被指派负责某一具体部门的大臣，不用干活，薪水丰厚。——译者注

丘吉尔曾寄希望于首相阿斯奎斯能够在下议院为他辩护，但首相大人并未这样做。到1915年10月，丘吉尔的希望完全破灭，政治生涯跌入谷底。他觉得此刻他应该离开英国本土，离开纷争不休的政坛，尽管这将意味着他不得不与家人分离——包括1914年10月7日出生的另一个女儿莎拉。但丘吉尔毅然决然地从政府中辞职，重新加入军队。10月下旬，丘吉尔离开伦敦前往弗兰德，在这里他亲眼见识到堑壕战，也充分领略到战争的肮脏与恐怖。"堑壕错落交杂，整个防御工事就像一座大的坟墓，"丘吉尔在给克莱门汀的信中写道，"战斗开始了，双方士兵都趴在泥地上，四肢张开像

1915—1916年，英国皇家海军在达达尼尔战役中大败，丘吉尔陷入了全民口诛笔伐的漩涡之中。在风口浪尖之时，大卫·劳合·乔治（左）一直是丘吉尔（右）的坚定支持者。对于达达尼尔战役的惨败，作为海军大臣的丘吉尔自然难辞其咎，他甚至被人称为"加利波利的屠夫"。

1915年，丘吉尔对在米德尔塞克斯的恩菲尔德的从事军需品生产的工人发表演说。两年后，丘吉尔被任命为军需大臣。他利用自己的职权竭力改善英军的各种军事战略和战术。

只大蝙蝠一样在月光下匍匐前行，脚和衣服都陷在泥浆中，每前进一小段距离都有很大的阻力，不一会儿淤泥便进入衣服内。步枪和机枪不断喷吐着火舌，呼啸的子弹在头顶飞来飞去，打进泥地里，溅起团团污泥。"但这场战争却将丘吉尔从几个月来的重压之下拯救了出来，他写道："在这里，我终于重新找到了久违的幸福和充实。"

僵持的堑壕战截然不同于丘吉尔此前在印度、苏丹和南非经历的那些快速的运动战。丘吉尔天马行空的想象力和他不拘一格的性格使得他的脑海中诞生出一个新的想法，一个可以使战士们离开堑壕发起进攻却又不用担心德军大炮和机枪火力的方法。他设想出一个有车轮或者履带的可以移动的巨大金属盾牌，上面配备火焰喷射器或者两到三挺马克沁重机枪。这个大钢铁盾牌要足够重，使其足以冲垮战壕边布设的铁丝网，而且要有足够的防护力，足以抵挡机枪的正面射击。丘吉尔向他的朋友F. E. 史密斯发了一封备忘录，详细介绍了他的想法，史密斯看后也很有兴趣，决定向内阁成员们介绍这种设计。丘吉尔的想法是一种装甲机车，可以有效地降低堑壕战中的士兵伤亡。1915—1916年，工程师沃尔特·威尔逊和威廉·特里顿设计出了类似丘吉尔设想的武器——坦克。1916年9月15日索姆河战役期间，英国第一次在战场上使用坦克。

排斥

　　阿斯奎斯的政治生涯似乎将在1916年走向终点，因为他在议会关于军队征兵制的辩论中失利。尽管战场上一直居高不下的伤亡率使得征兵制越发显得不可避免，阿斯奎斯始终希望军队是一种志愿兵役的制度。丘吉尔在法国的亲身经历使得他清楚地知道推行征兵制在所难免。他是皇家苏格兰燧发枪团第6营营长，他的部队在战斗中遭遇到可怕的伤亡。该部不得不被取消建制，残存的士兵被分配到其他部队当中。

　　1916年5月，温斯顿·丘吉尔卸任部队中的营长职务，并放弃了中校军衔，重返议会。丘吉尔重返议会的第一项任务便是向公众澄清自己在达达尼尔海峡战役中的行动。很快，他便意识到这是

1916年第一次世界大战期间，丘吉尔在法国境内的英国军队。同年7月1日，盟军在索姆河附近发起进攻，战役打响第一天，英军便付出20000人阵亡的代价。丘吉尔被这个消息震惊了，他坚信"靠简简单单地堆人力不可能赢得西线的战斗"。

多么艰难的一件事情。在下议院，丘吉尔遭到了公开侮辱，在他演讲的过程中不时有人喊道："达达尼尔怎么回事？"在保守派看来，他的达达尼尔海峡战役是一个"可怕的错误"，理应被反复审查。保守党议员公开反对他，排斥他。深受刺痛的丘吉尔决定开始行动，坚持要对达达尼尔海峡战役展开详尽的调查，以期能够还自己公道。于是，政府组建了一个皇家委员会来彻查这场战役中的各主要参与领导指挥者的功过。正如丘吉尔预期的那样，经过一番仔细调查，委员会证明了丘吉尔的清白，给了他应有的评判。相反，委员会却指出了阿斯奎斯对战役各关键节点的指挥不当之处以及基奇纳将军的犹豫不决贻误了战机。阿斯奎斯于1916年12月辞职，大卫·劳合·乔治继任英国首相。

尽管劳合·乔治希望丘吉尔进入他的内阁，但丘吉尔重返内阁的道路上依旧是障碍重重。保守派对丘吉尔的怒火仍在熊熊燃烧，

1918年，在第一次世界大战结束前一个月，丘吉尔视察了英国北部的军火工厂，并高度赞扬了工厂里辛勤劳作的女工们的奉献精神。

1915年6月5日，丘吉尔辞去海军大臣职务

> "我为这场失利承担责任……为英国王室、议会以及海军部的同侪负责。在我宣布为战场上的失利负责之后，抨击接踵而至，（很多人认为）这场失利的过错均在于我……海军部档案馆里有我所发布的所有重要命令的详细记录。我将以此为自己应得到的清白辩护。"

而且越加猛烈。保守党人的媒体声称丘吉尔缺乏判断力。在议会中，丘吉尔依旧政敌环伺。柯曾勋爵，这位前印度总督和战时内阁的议员，在私下称丘吉尔为"我们中间活跃的危险分子"。英国军需大臣克里斯托弗·艾迪生博士非常钦佩丘吉尔，甚至愿意放弃自己的职位，使得丘吉尔能够接替自己的位置。

1917年7月24日，丘吉尔被任命为军需大臣。丘吉尔最大的资产之一便是他独特的个人魅力，这也使得他拥有许多被他深深鼓舞的忠实拥趸。作为军需大臣，丘吉尔上任之初的第一个任务就是解决苏格兰格拉斯哥的比尔德莫尔弹药工厂的罢工问题。丘吉尔邀请苏格兰罢工行动领袖大卫·柯克伍德到伦敦来协商解决问题。柯克伍德带着满腔敌意来到招待会上，却为丘吉尔的举动感到非常惊讶：丘吉尔热情地向他打招呼，并亲手给他递上茶和蛋糕。这样一来，柯克伍德的敌意自然消弭不少。不久后，他们便制定出一个双方都可以接受的解决方案，这场长达18个月之久的罢工事件得到妥善解决。

丘吉尔怀着极大的热情去迎接新的位置面临的挑战。他对军需部进行改组，并理顺了军械工厂间的上下游关系，以提升工厂的年产出量。他积极联系法国和1917年参与战争的美国，来协调前线的枪支弹药供应。

1918年11月11日，协约国和同盟国签署停战协议，第一次世界大战结束。四天后，克莱门汀为丘吉尔生下了他的第四个孩子——

玛丽格尔德·弗朗西斯。但大选即将来到，丘吉尔只有极少的时间去陪伴刚出生的第三个女儿。在随后的大选期间，他以在1908年就曾赢得席位的敦提作为自己的选区，并以15365票的巨大优势再度被选为下院议员，并成为劳合·乔治内阁的陆军和航空大臣。

第一次世界大战给欧洲大陆带来了前所未有的巨大创伤，双方虽然停战，但动荡仍在持续。1921年，丘吉尔转任殖民地事务部大臣。在爱尔兰，英国军队深陷与爱尔兰共和党民族主义武装冲突的泥潭中。英国人力图实行"黑暗和压迫"的暴力宣言，大量招募退役士兵，组建警察部队，试图镇压恐怖主义武装爱尔兰共和军（Irish Republican Army，IRA）。英国当局推行的政策非常残酷，但丘吉尔很快意识到这是一股他们无法用强力压制的力量。因此，1921年10月，丘吉尔与爱尔兰共和军的领导人迈克尔·柯林斯进行了会谈。他们共同协商签订了一个建立爱尔兰自治州的条约（《英—爱条约》），条约规定成立爱尔兰自由邦，将爱尔兰分成信仰天主教的南部和信奉新教的北部两部分。不幸的是，条约虽然签订，却并未解决英国与爱尔兰之间的争端，双方仍是纷争不断，危机四伏。

早在1896年到1898年丘吉尔在印度服役期间就曾获得过马球运动冠军。这张照片记录的是1925年丘吉尔（右）代表下议院马球队对阵上议院时的场景，这场比赛下议院获得胜利。

1918年12月16日，第一次世界大战结束（丘吉尔的演说）

"战争胜利了……这漫长艰辛的道路，终于走到了终点！这是多么振奋人心的胜利啊……西线停战到现在的五周时间内，我每一天都在品味我们辉煌的成就，回忆我们的成功，感受到新鲜的满足感……生活在这样的时代，作为这样民族的一员，我的内心充满了骄傲和感恩。"

家庭罹遭不幸

爱尔兰并不是丘吉尔唯一的忧心之地。作为新的殖民地事务部大臣，中东地区也是丘吉尔负责的地盘，很快他便发现宗教纷争是一个非比寻常的纠纷。巴勒斯坦长期属于奥斯曼土耳其的一部分，但在第一次世界大战之后，这里被英国人控制。虽然该地区的定居者绝大多数是阿拉伯人，但犹太人一直认为这里是他们历史上的故园。犹太人渴望复国，英国政府则支持犹太复国运动，并于1917年发表了《贝尔福宣言》。丘吉尔是一名坚定不移的犹太复国主义支持者，负责监督犹太人移居巴勒斯坦。犹太人迁居至此使得阿拉伯人失去了大片土地，自然招致阿拉伯人的反感，结果此地的敌对行动不断爆发，冲突持续升级。

就在丘吉尔为这些事情忙得焦头烂额之时，他的家中却接连发生两起不幸。丘吉尔的母亲珍妮不慎摔下楼，摔断了踝关节，伤口最终引发坏疽，珍妮不幸于6月23日去世，享年67岁。仅仅过去两个月，悲剧再次来袭。玛丽格尔德，丘吉尔最年幼的女儿，得了脑膜炎，医治无效，最终于8月24日告别了这个世界，年龄只有两

下页图：丘吉尔前往议会，递交自己起草的1927年预算。作为财政大臣，丘吉尔做的一些决定备受争议。1925年，丘吉尔顶着保守经济学家的层层反对声，宣布英国回归金本位制，实行固定汇率的货币体系。这一举措给英国带来了灾难性的后果，提高了出口成本，严重制约了工业发展，也埋下了1926年英国工人大罢工的导火索。

岁半。连遭打击的丘吉尔心中苦闷难言，他在给朋友的信中写道："这真是太不幸了……这么小的孩子就这样走了……在她刚开始人生的时候，在她如此美丽、如此快乐的时候，就这样走了……"

离开议会

仅仅过了一年，1922年9月15日，克莱门汀生下了她的第五个孩子、另一名女儿——玛丽。同一天，丘吉尔花了5000英镑买下了查特韦尔庄园，这是位于肯特郡的一个大而杂乱的乡村别墅。丘吉尔非常喜欢查特韦尔庄园，但克莱门汀并不喜欢乡村生活，对这里没有什么好感。克莱门汀反感查特韦尔庄园的部分原因是买下它花销太大，几乎相当于嘉宇塔一年的收入。嘉宇塔是丘吉尔在1921年从一名远房表哥那里继承的位于北爱尔兰的一处房产。

嘉宇塔的房产收入很大程度上缓解了丘吉尔由于自己经常毫不节制而变得非常紧张的经济状况。丘吉尔非常喜欢雪茄和牡蛎，而且几乎每一餐都要喝香槟，每天都会喝许多红酒，这使得他每天的生活花销都很大。买下了查特韦尔庄园后，庄园的保养维护无疑成为一个新的支出，这让丘吉尔更加难以维系家庭的收支平衡。1922年10月，第一次世界大战爆发时组建的战时政府在执政7年后宣告结束，劳合·乔治也宣布辞去首相职务。在随后11月12日进行的大选中，保守党大获全胜。令丘吉尔沮丧的是，他由于刚刚做了阑尾炎手术，无法进行竞选演说，在邓迪选区中失败了。对此，他后来在回忆录中写道："转瞬之间，我发现我失去了一切，失去了职务，失去了议席，甚至还丢掉了阑尾。"

在长达二十多年的政治生活中，丘吉尔第一次离开了议会。丘吉尔在脱离政治生活后，决定做一些对生活有益的事情。"经过这么多年粗糙的政府工作生活，我发现我的私人生活真是一团糟。"丘吉尔日后在回忆录中写道。他开始亲自监督对查特韦尔庄园的重建，与家人在法国南部度假，并开始着手写关于第一次世界大战的历史记录：题为《世界危机》的战争回忆录，这部书已出版超过十年。1923年4月，丘吉尔的第一卷回忆录撰写完毕，第二卷于6个月后完本。《新政治家》上刊登的社评称这是丘吉尔玩的把戏："他自己写了书，非常自负。"前首相阿斯奎斯的妻子则对丘吉尔不吝溢美之词，她对丘吉尔说道："你的书非常好，堪称杰作。"她还建议丘吉尔坚持写作和绘画："政治中除了谎言什么都没有"。

但是丘吉尔发现自己不能长期处在政治圈之外，特别是在议会机构正在发生着巨大变革的时候。自由党的太平日子已经结束了，他们内部分成了不同的派系，其势力已经开始衰败，随着工党的崛起，自由党很难在政坛上成为能够与保守党相抗衡的政治势力。这也意味着丘吉尔要着手考虑自己的政治前途，作为自由党的一员，如果继续奉行自由主义，他将不可能再进入英国政治权力中心，不可能在议会谋取一席之地。

仇恨共产主义

在那个时代的英国政治氛围中，丘吉尔想东山再起，在议会中谋得一席之地，并不是一个简单的任务。1923年，安德鲁·博纳·劳因病辞去首相职务，斯坦利·鲍德温继任英国首相。选举中，保守党人遭遇到灾难性的失败，他们仅获得258个议席，比选举前少了整整一百个席位。于是，保守党失去了英国议会中的多数优势，保守党内阁也因此存在着被自由党和工党联合推翻的风险，因为自由党和工党的议席共有350席。

几个月后，保守党政府垮台，鲍德温被迫辞职，工党领袖拉姆齐·麦克唐纳于1924年1月22日成为英国首相，组建了英国历史上第一个工党政府——一个并不稳定的少数政府，非常依赖自由党人的支持。1923年的选举中，丘吉尔参选，却失败而归。1917年俄国发生的布尔什维克革命让丘吉尔印象非常深刻，也让他对共产主义种下了持续终生的深深仇恨。他觉得新成立的工党政府最终会和俄罗斯布尔什维克政权一样，"让国民生活陷入黑暗和失败的深渊"。

他的忧虑在许多自由主义议员中得到了共鸣，但丘吉尔怀疑他们是否真的能够提出一个切实有效的反对议案。因此，为了自己的政治生涯，也为了政治主张能够在英国推行，丘吉尔开始考虑再次改换党派。斯坦利·鲍德温听闻，抓住机会向丘吉尔伸出橄榄枝。丘吉尔重返保守党阵营，此举也招致一些自由党人的不满。1924年3月的补选中，丘吉尔以一名"独立的反社会主义者"的身份参选，最终还是以毫厘之差惜败。在6个月后，鲍德温为他在伦敦东北部的埃平选区找到一个保守党议席。

英国工党政府只维持了8个多月，便在铺天盖地耸人听闻的关于"红色威胁"的新闻报道和指责浪潮中垮台。1924年10月29日，英国再次举行选举，丘吉尔在埃平选区以超过9000票的绝对优势当选，打了一场漂亮的翻身仗。保守党重新夺回了多数优势，在议会中超过其他两党223个议席。而同期，自由党议席则下降到仅仅40个。

重返内阁

工党政府垮台后，斯坦利·鲍德温再次入主唐宁街10号，第二次出任英国首相。一周后，鲍德温邀请丘吉尔出任内阁财政大臣。丘吉尔非常高兴，他在对这个给了他政府第二号位置的首相的回信中甚至想以俚语"难道鸭子不会游泳吗？"（Will the bloody duck swim? 意同"这还用问吗？"）回复，兴奋之情，溢于言表。丘吉尔日后回忆起这些时写道："由于这是一个十分正式和重要的会话，我这样回复道：'这满足了我的野心，我可以重新穿起父亲曾经穿过的财相长袍。非常荣幸能在这间辉煌的办公室内为您效劳，我对此感到自豪，并定当竭尽全力。'"

时隔20年之后，丘吉尔重新加入了保守党，但一成不变的是他富有同情心的心态，这一心态驱使他成为不遗余力的社会改革先驱。在丘吉尔成为财政大臣的第一个预案中，他概述了救助寡妇和孤儿的救济金计划，并建议将退休金发放年龄由70岁提前至

丘吉尔喜欢打猎，在1928年参加了一次由威斯敏斯特公爵组织的前往法国的打猎活动。与他一同前往的是他17岁的儿子伦道夫（左），以及日后成为著名设计师的"可可"香奈儿小姐（中）。

65岁。另外丘吉尔还提出实施10%的减税以改善最低收入群体的生活水平。

许多保守党人认为丘吉尔的此种举措是国家干预而不是国家援助。令保守党人更为不安的是丘吉尔对解决采矿业争端的提案。随着采矿业利润的下降，矿主们决定降低工人们的工资，全国矿工工会则威胁以罢工作为报复。矿主和矿工们各不相让，一时陷入僵局。丘吉尔提出的解决危机的方案是，由政府来补贴矿主们部分支出，保证工人工资不被削减。矿主们同意了这样的提案，但在9个月后，他们告诉鲍德温，损失仍旧很大，政府补贴根本无济于事，必须削减工人工资。5月3日午夜，英国全国大约250万名工人听从英国职工总会的号召举行大罢工。罢工抗议活动持续了9天，英国的其他民众则自发行动起来，志愿维持国家的运行。中产阶级来到工作岗位上，保证国家的基本运行；学生们则开着巴士和卡车运送水和食品，保证基本的物资供应；退休经理人和退役军官们组织起特别治安队，维持治安。军队士兵们则开着坦克守卫公共建筑，以

1929年5月30日是竞选的投票日，丘吉尔携妻子克莱门汀来到他所属的埃平选区的街头，迎接自己的支持者。丘吉尔再次当选议员，但他所属的保守党在议会中却被工党击败。

应对一些随时会出现的麻烦。

调解失败

由于印刷厂工人也加入到罢工行列中，报纸无法出版，丘吉尔下令由政府发行《英国公报》，宣传政府的政策。他此举意在消除公众的恐慌情绪，鼓励煤矿老板和工人间达成和解，但却无济于事，只是徒然增加了工人群体对他的误解和仇视。

1928年，丘吉尔在女儿莎拉（左）和玛丽的帮助下，修葺在肯特郡的庄园。丘吉尔在这方面很是熟练，甚至还成了当地瓦工工会的荣誉会员。

这场席卷全国的总罢工给丘吉尔带来很大的打击。矿工们最终被迫重新回到工作岗位上，忍受饥饿和贫困，凛冬将至，他们的生活十分窘迫。而对丘吉尔而言，这场罢工也宣告他作为调解人的彻底失败，尽管他真的关心工人们的福利与安康，但实现这样的目标却与政府的预算背道而驰。丘吉尔也失去了保守党内盟友的支持，他们都不同意他在位期间对私营企业的干预行为。

这次大罢工对他们的影响不止于此。1929年5月30日，丘吉尔和其他的保守党内阁成员们懊恼地发现，自由党人已经不再是议会中反对力量的中坚，取而代之的是更有攻击力的工党。在新的选举中，工党获得下议院的288个议席，保守党再次成为议会中的少数派，获得260个议席，自由党人则只余区区59席。拉姆齐·麦克唐纳的工党重新执政。尽管丘吉尔险之又险地保住了埃平选区的议席，但却失去了政府职务。这段在野不在位的日子一晃就是10年之久，10年之后，丘吉尔才东山再起。

第 **5** 章

在野十年

20世纪30年代，丘吉尔逐渐远离了英国的政治权力中心。他坚信德国纳粹政权企图征服欧洲，对英国政府奉行的绥靖政策愈发不满。他的担忧终于在1939年9月3日变成事实，德国入侵波兰，第二次世界大战爆发。

1939年2月，丘吉尔在查特韦尔。这个月内，内维尔·张伯伦成为英国首相，张伯伦称丘吉尔为"头号妖怪"。

　　尽管在新的工党政府议会中处于少数派地位，丘吉尔希望保守党和自由党能够联合起来，同工党做斗争，推翻他们的政府。然而保守党领导人斯坦利·鲍德温无意于此。

　　1929年7月，在英国的保护国埃及境内发生了民族主义者引起的骚乱，但工党政府不愿意处理这些事情：英国军队撤出开罗退到苏伊士运河一线，高级专员劳埃德勋爵被责令回国。劳埃德勋爵找到丘吉尔，希望他能够帮助自己复职，但鲍德温并不认为埃及问题是一个向工党发难的合适的契机，他认为此事并不能触动工党执政的核心利益。当丘吉尔在下议院内陈述劳埃德勋爵的情况时，鲍德温像一尊石像一样，坐在那里一言不发。丘吉尔则面临保守党人一连串的指责与诘问。丘吉尔再一次发现自己与保守党人之间有如此大的隔阂。1904年他的"改弦更张"已经激起了保守党人对他不忠行为的愤怒，时至1929年，历史重演，丘吉尔再次陷入艰难的境地。

丘吉尔对哈瓦那雪茄的偏爱始于1895年他在古巴时。

印度民族主义

　　埃及并不是唯一的争论焦点。1929年10月30日，英国保守党内部同意支持工党政府提出的满足印度民族主义者要

1931年2月23日，丘吉尔评论印度民族领袖——圣雄甘地

"按照我的意见，我们绝不能将印度的统治权交由那些软弱而错乱的社会主义者，那将导致最大的不幸……看看我面前这位甘地先生，一个极具煽动性的中殿[1]律师，如今却扮成一副苦行僧的模样，几乎半裸着身子走进总督府。同时，他又继续组织和操纵着非暴力不合作的对抗活动，一面又和国王陛下的代表进行平等谈判，实在令人为之心忧，令人作呕。"

求的给予印度在英联邦内独立地位的计划——这是一种自治的政府体制，但并不完全独立。丘吉尔认为，英国政府对印度的独立地位承认得太过了。他一直认为，大不列颠帝国对印度是一个仁慈而又文明的引导者，印度人还没有做好万全的准备去自己引导自己。他列出一些颇具说服力的理由：印度教和伊斯兰教之间延续几个世纪之久的教派仇恨仍在愈演愈烈之中，丝毫没有收敛消弭的迹象；暴乱和谋杀在这片土地上仍旧时有发生，包括刺杀英国政府官员这样的事情，在英国国会商讨给予印度人自治的地位时仍在出现。

丘吉尔不是唯一对此心存疑虑的保守党人，另一位和丘吉尔持有相同政见的保守党同侪是内维尔·张伯伦，未来的英国首相。张伯伦认为，印度人至少要50年的时间才能够准备好实现自治。丘吉尔的反对无济于事。鲍德温向工党透露他支持这项计划。保守党人虽然有人心有异议，但不愿反对自己的领导人，不愿党内分裂，他们选择和鲍德温站在同一战线。议会需要通过法案才能使得印度自治领的要求合法化，而投票表决的结果令丘吉尔更加沮丧，议会最终以369票支持、43票反对的巨大差异通过了工党政府的这项提案。四年后的1935年，印度自治运动达到高潮，英国议会制定了关

---

[1] 中殿律师学院（The Honourable Society of the Middle Temple），英国最负盛名的法学院之
　一，毕业生皆拥有大律师［讼务律师（Barrister）］资格证。

于英属印度宪政体制的根本法《印度政府法案》，从此，印度由殖民地变为自治领。

命悬一线的车祸

1931年，第二届工党政府也走到了尽头。8月，拉姆齐·麦克唐纳的工党政府试图用削减失业补助金和其他社会事业费来应付严重的经济危机，但由于遭到党内阁僚的反对而宣告失败，麦克唐纳被迫辞职。丘吉尔主张，这是一个保守党与自由党人合作重新共掌大权、将工党势力踢出局的机会。但在当时的背景下，这样的主张没有任何前景，取而代之的是，三个主要政党联合组建了一个新的

这张照片摄于1930年保守党人的一次非正式集会上。这时的丘吉尔已经在野15个月之久。由于丘吉尔反对给予印度自治领地位，他在保守党内越来越被孤立。

国民政府。新的联盟在10月27日的大选中大获全胜，赢得了530个议席。丘吉尔在埃平的选票也几乎翻了一番，但不幸的是，他在议会中依旧遭受冷遇，新的政府中并没有他的位置。

丘吉尔的目光并不仅限于英国政坛，他还有别的忧心之处。1929年10月，纽约华尔街股市崩盘，引发全球范围内经济衰退，一夕之间，世界上成千上万人的财富化为乌有。丘吉尔本人在此次大崩溃中也损失惨重，他急需做点事情挽回损失。1931年，他的战争回忆录《世界危机》的最后

1932年元旦，丘吉尔因为在纽约被汽车撞倒重伤，上了英国各大媒体的头条。

一卷《世界危机：东线》完稿出版，非常畅销。他又与美国达成了一些演讲的合同，这保证了他至少1万英镑的收入。此外，《每日邮报》还同意支付他8000英镑的稿酬以刊登他关于美国生活的系列报道。

然而，就在他财源滚滚之时，一场横祸从天而降，几乎使他失去生命。12月13日，正在美国进行巡回演讲的丘吉尔遭遇了一起可怕的事故。他在纽约第五大道上行走时，一时不察，没有注意周围的交通状况，被一辆汽车撞倒。丘吉尔的头部和腿部受到严重的伤害，在纽约整整休养了3周时间，此外还在巴哈马修养了3周。对于这次事故，丘吉尔自然不愿浪费这个好题目，他大费笔墨仔细描述了这次事故，将稿件发到了《每日邮报》。报道一经刊登，全球各地的慰问信如同雪片般涌进报社的办公室，许多人都关心丘吉尔的健康状况。尽管有胸膜炎，手臂和肩膀上的神经也有严重的炎症发

作，但丘吉尔依然急切地回去工作。1932年1月，丘吉尔再次踏上巡回演讲的路途。在3周时间内，他在美国19个城市发表演说，收入7500英镑，相当于英国首相两年的年俸。

纳粹的兴起

1932年3月17日，丘吉尔回到英国家中，4月份的时候，他再次卷入舆论争议之中。1919年，第一次世界大战结束之后，丘吉尔就明确反对《凡尔赛和约》中对德国人强加的种种苛刻限制。《凡尔赛和约》要求德国大幅削减武装力量，并禁止德军装备坦克和重型火炮。对此，丘吉尔曾预言，这样苛刻的要求会刺激到德国民众，激起强烈的仇恨。随着时间的推移，到了1932年，一切都向着丘吉尔警告的那样发展，越发清晰。德国纳粹党领导人阿道夫·希

1929年12月13日，温斯顿·丘吉尔成为布里斯托大学校监，他是20世纪布里斯托大学在任最长的一位校监，任职36年，直到1965年去世。

特勒利用《凡尔赛和约》强加给德国人的种种不公条款，煽动民众的仇视心理，成功崛起。希特勒向民众们承诺，收复失去的领土，恢复德国的权力与影响力。1923年11月，希特勒和鲁登道夫等人在慕尼黑发动政变，政变虽然失败了，但希特勒的影响力却更为扩大。这次失败的暴动也使得希特勒放弃了魏玛共和国的民主制度。经过一系列的选举和政治运动，到1932年年底，纳粹党已经成为德国最大的党派。1933年1月30日，德高望重的保罗·冯·兴登堡总统不情愿地任命希特勒为德国总理，同时任命弗兰茨·冯·巴本为副总理，希望能够钳制希特勒。兴登堡和巴本相信他们能够控制希特勒，但不久后，他们才意识到这样的想法是何等错误，但却为时已晚。

在英国，则流行着与欧洲大陆截然不同的论调。第一次世界大战给英国民众造成了非常严重的创伤，恐惧和悲痛在民众心中依旧鲜明，英国自上而下都弥漫着一种渴望和平、渴望宁静生活的气氛。这种对和平的渴望是政府秉持绥靖政策的一个重要原因。20世纪30年代席卷世界的大萧条引起了大规模的失业，行业衰退，工人们的生活下降到贫困线以下，忧郁和绝望的情绪在群众之间滋生蔓延。此时，摆在英国政府面前最大的任务是确保工业的复苏，而不是将资金投入国防和武器制造。也有人认为，对德国人惩罚太过严苛，第一次世界大战结束后的《凡尔赛和约》给德国人套上了过于沉重的枷锁。阿道夫·希特勒，这个丘吉尔心中最危险的敌人，在英国政坛其他人心中却是另外一副形象。英国政坛中许多人更害怕共产主义的苏联，他们看到纳粹德国是站在苏联的对立面的，于是希望纳粹德国能够成为欧洲大陆抵抗苏联侵袭的屏障。

英国对希特勒的绥靖政策甚至得到了英国国王乔治六世本人的支持，这一方面是出于一个战胜者对失败者怀有的恻隐之心；一方

下页图：1931年7月，丘吉尔在查特韦尔宴请宾客，与会的名人包括查理·卓别林（右）。丘吉尔和卓别林于1929年在好莱坞结识。丘吉尔承诺制作一部由卓别林饰演年轻的拿破仑的影片，但是最后不了了之。同时出席的还有汤姆·密特福德、克莱门汀的表弟、克莱门汀以及丘吉尔的大女儿戴安娜和儿子伦道夫（自左向右）。

面也是希望德国壮大起来，成为英国抵抗苏联的屏障。对此，丘吉尔有着更加务实也更为消极的看法。他在1932年7月亲眼目睹了新德国狂热好战的一面。当时丘吉尔正准备撰写他的祖先马尔伯勒公爵一世约翰·丘吉尔的传记，于是来到布莱尼姆战场——约翰·丘吉尔1704年曾在这里击败法国和巴伐利亚军队。丘吉尔此行也看到整个德国上下——无论老幼——都被希特勒的极具煽动性的演说鼓动起来，充斥着狂热的民族主义和反犹主义情绪。

"危言耸听的战争贩子"

1933年3月23日，丘吉尔在众议院发表演说：当我们看到此时德国的情形，当我们以惊讶和悲痛的心情看到那儿由凶狠和黩武精

丘吉尔的女儿戴安娜和第二任丈夫、下院议员邓肯·桑蒂斯结婚。戴安娜的一生都很悲剧，她的两段婚姻都以失败告终，遭遇了很多不幸，最终因为抑郁症发作在1963年自杀。

神引起的喧闹动乱，残忍地虐待少数派，废除文明社会所具有的正常保障，仅仅以种族为理由迫害大批人——当我们看到所有这些事情发生在世界上最有天赋、最有学识、科学最发达的强大国家时，我们不得不引以为幸的是，德国尽情发泄的这种穷凶极恶的情绪，除了在自己国内，还没有蔓延到别的国家或地区。"

在丘吉尔访问德国期间，丘吉尔的儿子伦道夫的一位朋友恩斯特·汉夫施丹格尔努力安排丘吉尔与希特勒进行一次会面。而希特勒对此似乎不感兴趣，他问道："丘吉尔是何许人也？"得到的是这样的回答："他是英国政客中的一名反对者，但似乎没有人在意他说些什么。"

没有人理会丘吉尔的大声疾呼。相反，丘吉尔还因为坚持德国危险论和反对政府裁军而被人贴上"危言耸听的战争贩子"的标签。1932年11月，丘吉尔在下议院发表演说，呼吁道："胜利者不应先于失败者裁军，去寻求所谓的军事力量平衡……这样的敌对情绪不会因为我们裁军就消除，而是始终在酝酿着，终有一天会爆发，将欧洲重新卷入战火之中。"

重整军备的要求

丘吉尔在议会的反对者对其视若无睹，然而他却不为所动。他关注的一项重点是政府准备减少皇家空军的预算，决定关闭仅有的四所飞行学校中的一所。丘吉尔在第一次世界大战中已经意识到飞机在战争中的重要性。随后飞机技术的发展也更加印证了这种判断，制空权成了后来战争中极其重要的战场优势。此时的飞机已经可以装备机枪和炸弹，从空中发起攻击，对纵深腹地民众的生命安全造成很大的威胁。

下页图：1935年11月15日，丘吉尔再次成为英国国会议员，但这一次却未能在新的保守党政府谋取职位。议员南希·阿斯特警告时任首相的鲍德温，让丘吉尔进入政府将意味着"在国内和国外引发战争"。

英国航空公司从柏林发回的秘密情报显示，纳粹德国正在积极重整军备，全然不顾《凡尔赛和约》中的禁令，正大力生产军用战机，壮大空军力量。当然，这一切都是在伪装和掩饰下偷偷进行的。例如，德国客运航空公司汉莎航空成了德国空军生产军用战机的伪装。而那些滑翔和飞行俱乐部的学员们，稍加军事训练便可在日后成为了第二次世界大战中的战斗机飞行员。建造的大炮伪装成了工厂的烟囱，坦克造得像拖拉机的样子，而鱼雷摩托艇则看起来像游艇。

丘吉尔无权进入内阁，也无权获悉这些官方渠道的国外机密情报，但他有自己的人脉圈和关系网络：一些公务员、士兵以及皇家空军军官。他们都忧其所忧，也愿意为丘吉尔分忧。他们的行动有着很大的危险性，为了让丘吉尔获得一些秘密情报，他们经常会违背政府的行动准则，因此也得冒着丢掉职业前途甚至是被监禁的巨

丘吉尔并不排斥任何的劳动工作，比如修补查特韦尔的屋顶。他喜欢用自己的实用技巧来使得庄园变得更加漂亮。他为查特韦尔庄园砌了十分美观的围墙，有的时候一天甚至要铺设200块砖。

大风险。他们的积极努力也让丘吉尔了解到这个国家军备的许多不足之处，飞机发展、飞行员训练方面存在着不少问题，防毒面具短缺，武器、弹药、装甲车、坦克、卡车以及许多国土防卫所必需的军事装备都存在不足。他靠着掌握的这些情报资料，一遍一遍不知疲倦地游说政府，试图让他们认识到问题的严重性。

秘密信息

最早为丘吉尔提供这些机密情报的是戴斯蒙德·莫尔顿少校，他曾是丘吉尔在陆军部的下属。莫尔顿少校是政府一个情报部门的领导人，负责调查德国和其他欧陆国家用于军备的材料物流情况。1933年春天，丘吉尔第一次和莫尔顿少校联系，从那以后，他就开始利用莫尔顿少校提供的情报作为论据，来支持他反对裁军的主张。丘吉尔并不是绝对的孤立无援，陆军大臣黑尔什姆勋爵道格拉斯·霍格也有类似的预测。但和丘吉尔的遭遇一样，道格拉斯·霍格也被人贴上"战争贩子"和"造谣者"的标签，别人对他的警告置若罔闻。

1933年10月14日，纳粹德国宣布退出国际联盟和1927年在瑞士日内瓦成立的国际裁军会议。1934年8月3日，老总统兴登堡去世一天后，希特勒全盘掌控纳粹德国的权力，独揽总理和总统大权于一身。1935年3月，希特勒公开撕毁《凡尔赛和约》中的裁军条款。他同时还透露，德国要重新武装起来，他要重建德国空中力量——纳粹德国空军（Luftwaffe）。

毁灭的预言

丘吉尔坚持不断地在议会中演说，不只揭露纳粹德国正在积极备战，也揭露其迫害犹太人、吉普赛人、同性恋者和其他少数族裔的暴行，希望能在众人中引起反响。然而，议会依旧毫无回音。丘吉尔虽然未能成功改变政府要员们的和平主义立场，但他仍不断地告诉他们事态的发展和自己的判断。1934年年末，戴斯蒙德·莫尔顿少校给丘吉尔发送了一份关于纳粹空军计划的详细分析。此时的英国政府已经同意了一个新的改组皇家空军的方案，该方案将于1939年实施完毕。但是丘吉尔希望这项改进计划尽早完成，便决定采用一些莫尔顿少校的情报信息，以加强他在下议院内的演说效果。丘吉尔在下议院发表了一场激情澎湃的演说，描绘出一幅幅德国空军铺天盖地的轰炸机群对伦敦和其他英国重要城市密集轰炸的可怕场面，数以百万计的城市居民为了躲避空袭被迫逃向农村。丘吉尔的演说引起人们的阵阵喝彩：他的演说终于惊醒了沉睡的同僚，纳粹的威胁是真真切切存在的。丘吉尔终于有了一些支持者。但是鲍德温依然不为所动，坚持否认纳粹德国空军的实力已经接近英国皇家空军。

　　1935年4月，一名外交部的工作人员拉尔夫·威格拉姆不声不响地来到查特韦尔庄园。威格拉姆此行向丘吉尔陈述了一些确凿的事实，这些事实证明德国的飞机制造工厂已经全力开动，积极备战。一周后，威格拉姆再访查特韦尔庄园，此次带来了更加令人震惊的信息。这些信息显示德国纳粹空军已经拥有现役飞机多达800

1934年2月7日，丘吉尔对空战的预测

　　"我们都没有吸取过往的教训，没有用来指导今日的实践……那时我们拥有强大的海军，却没有来自空中的威胁……时至今日，一切都改变了，战机的发明和空战的发展使得战争的形式发生了巨大的变化。我们这样的岛国，再也不复二十年前的荣光了……我们应当建立一支至少能与欧陆列强相匹敌的强大空军……此前，我们依靠海军的力量保卫自己，现在是时候做出改变了。我们无须关注法国和德国空军谁更强大，而是应当建立一支和它们一样强大的空军，这是议会应当做出的决策，也是政府应当实行的政策。"

1937年6月，丘吉尔在伦敦的尤思顿将一款新的铁道机车命名为"皇家海军师"。这支海军部队是第一次世界大战爆发时由丘吉尔召集皇家海军预备役志愿者组建的。

架，与之相比，英国皇家空军只有453架。

5月22日，在下议院的国防辩论中，时任枢密院议长的斯坦利·鲍德温终于承认对纳粹德国空军力量判断有误。丘吉尔长久以来的大声疾呼终于有了效果。1935年6月，身体状况不佳的工党领袖拉姆齐·麦克唐纳辞去首相职务，鲍德温成为代理首相。在鲍德温组建的新内阁中，依旧没有丘吉尔的位置。尽管鲍德温和丘吉尔之间政见不同，但鲍德温对丘吉尔仍旧十分钦佩，并委任他加入防空研究小组委员会。丘吉尔的密友弗雷德里克·林德曼教授是这个委员会的资深会员。同时，林德曼教授还是牛津大学的学术委员会成员，他非常鼓励丘吉尔对尖端发明的兴趣。7月25日，丘吉尔第一次参加小组委员会会议时，就被一项新的技术发明深深吸引：通过无线电定位探测敌方飞机。这是第一次雷达实验，雷达在后来的对页图：1937年，温斯顿·丘吉尔在法国的圣乔治完成了一幅油画。丘吉尔非常受绘画的过程，把它当作是一种艺术治疗："这是一种奇妙的感觉，绘画时你会完全沉浸其中。"

战争中大放异彩。

在11月14日举行的大选中，保守党大获全胜，获得280个议席。丘吉尔满心希望能够在鲍德温领导的政府中获得职位，整整一个星期，他都在家守着电话，期待着能够让他东山再起的召唤，但结果还是让他失望。

赋闲在家，等候召唤

丘吉尔大失所望，他并不理解鲍德温不重新启用他的良苦用心。感受到德国的深深威胁，鲍德温认为丘吉尔是将来注定要挑大

丘吉尔是一位热情好客、聪明健谈的庄园主，因此，查特韦尔庄园经常会迎来各方面的风云人物。这张照片记录了1939年温斯顿·丘吉尔和蜚声全球的物理学家爱因斯坦在查特韦尔庄园的会面。

1936年3月，谁也不怕的纳粹德国

"德国……谁也不怕。他们正以德国历史上前所未有的方式武装起来。领导着这样的国家的是一群亡命之徒……目前，德国国内的不满情绪已经蔓延开来，这些暴虐的统治者即将面临两种选择：一是经济和财政的崩溃，导致内乱；另一种则是发动一场战争。如果胜利了，那就是一个纳粹统治下的欧洲。因此，要拯救我们的国家，只能再一次将欧洲的力量团结起来，约束，遏制，甚至有必要时挫败德国的霸权。"

梁的那个人，要有一个更受人尊敬的未来。"我们政府现阶段不应该让他参与进来……如果将来有一天爆发战争——没人可以断定战争不会发生，我们必须保证他可以不受拖累地成为我们的战时政府首相。"鲍德温在回忆录中写道。因此，在当时的情况下，丘吉尔依然是游离于权力中枢的"局外人"，同时还是一根"扎进政府的肉中刺"。

1934年3月，丘吉尔向内阁大臣莫里斯·汉凯建议，应当组建国防协调部。两年后的1936年2月，英国组建了国防协调部，汉凯则与内阁财政大臣沃伦·费舍尔讨论国防协调部长的合适人选。费舍尔觉得这个位置应该由一名"不愿舞动干戈，也不愿为己谋利"的人来坐。这样看来，这个位置并不适合温斯顿·丘吉尔。相反，认真负责但又寡然无趣的法务大臣托马斯·英斯基普爵士看起来是这个职位的不二之选。正如内维尔·张伯伦所言："英斯基普从不会嫉妒别人。他很积极但没有热情，他按部就班，不会出什么乱

对页图：丘吉尔与威尔士王子——即日后的爱德华八世——之间友谊非常深厚。1936年的逊位风波中，丘吉尔直言不讳地支持爱德华，在被人以为别有用心。丘吉尔对英国民众的情绪产生了错误的判断，民众们强烈反对自己的国王与华里丝·辛普森——这个已经离过婚的美国女人——结婚。

子，也很难有什么惊喜。"

到了1936年，欧洲大陆的战争已是迫在眉睫。此前一年，对于希特勒震惊欧洲大陆的纳粹德国扩军行动，没有任何势力出面反对。希特勒决定继续走下去，看看英国和法国到底能忍受到什么程度。1936年3月7日，德国军队进入并占领了莱茵兰，这个1919年《凡尔赛和约》中明确规定的非军事区。对于这一明显违背和约的行为，英国和法国政府出人意料地再次选择忍让。

无法容忍的事情

丘吉尔震惊于希特勒的胆大妄为，也对英法两国政府的反应感到非常愤怒。

丘吉尔预测纳粹党人已经无可挽回地走上战争道路，他们将在6个月内发起战争，从荷兰和比利时入侵法国，如此一来，英国也将陷入危险境地。捷克斯洛伐克、奥地利、波兰以及巴尔干半岛和波罗的海沿岸国家都将岌岌可危。幸运的是，这一次丘吉尔的预言并未成真，接下来的6个月内，纳粹德国并没有进一步的动作。丘吉尔的预见渐渐

丘吉尔与布伦丹·布兰肯的合影。布兰肯是一个爱尔兰人，自20世纪30年代起成为丘吉尔的坚定支持者，并在丘吉尔组建的战时内阁中担任内阁部长。和丘吉尔一样，布兰肯也强烈反对张伯伦的绥靖政策。

获得人们的支持。支持他的不只有普通民众、政府公务员，还有一些终于被他长久以来的大声疾呼唤醒的国会议员们。英国外交大臣罗伯特·范西塔特爵士就成了丘吉尔的追随者，别的外交部官员则追随拉尔夫·威格拉姆。1936年5月，丘吉尔被派往反纳粹联盟任职，这是一个旨在对抗纳粹政治宣传的机构。

内维尔·张伯伦是绥靖政策的另外一个代表人物。1937年5月底，张伯伦卸任鲍德温内阁财政大臣的职务，继任首相。在纳粹德国占领莱茵兰非军事区几个月后，丘吉尔告诉亲德的查尔斯·温恩·坦普斯特·斯图尔特——伦敦德里伯爵七世："如果我对未来

1939年8月，第二次世界大战爆发前数周，温斯顿·丘吉尔在法军阿方斯·乔治斯将军的陪同下参观了德法边境的马奇诺防线。法国人坚信马奇诺防线坚不可摧，对此，丘吉尔则将信将疑。

1938年10月5日，丘吉尔评论《慕尼黑协定》

"我们的人民随时准备为国效忠，准备牺牲一切……他们应当了解我们的国防工作存在着严重的疏漏和缺陷；他们应当了解我们刚刚经历了一场失败，一场没有战争的失败，并且在未来将长期深受其害；他们应当了解，我们刚刚经历了历史上一个可怕的时刻，欧洲的平衡被打破。不要以为这件事会就此结束，这只是清算的开始，这只是我们饮下的第一口苦酒。我们现在能做的，只有振作精神，恢复我们的士气，才能像往日一样重新站起来，为了自由而战。"

的判断无误的话，阿道夫·希特勒的纳粹德国将在欧洲大陆引发一系列让人无法容忍的事情，并引发新一轮的军备竞赛。"事实果如丘吉尔所料，希特勒的第一件"让人无法容忍的事"发生在1938年3月12日，这一天纳粹德国再次公然违背《凡尔赛和约》，兼并奥地利。在接下来的一段时间内，希特勒不断煽动、教唆位于捷克斯洛伐克境内日耳曼人聚居的苏台德地区的纳粹党人提出自治。

1938年9月29日，英国首相内维尔·张伯伦和法国总理爱德华·达拉第一起来到慕尼黑，与希特勒会面两天，商讨解决苏台德问题。会谈中，英法两国领导人同意希特勒提出的捷克斯洛伐克政府割让苏台德地区的要求。张伯伦返回英国时，意气风发地向机场前来迎接的英国民众们挥手致意："我们为这个时代赢得了长久的和平。"与此同时，达拉第在巴黎也受到民众们类似的热烈欢迎。

在慕尼黑，阿道夫·希特勒信誓旦旦地保证，苏台德地区是他最后的领土要求。然而仅仅过了不到6个月，1939年3月15日，纳粹德国便违背《慕尼黑协定》，悍然出兵占领捷克斯洛伐克全境。3个月后，希特勒又向波兰政府施压，准备要回在第一次世界大战结束后被割去的两块土地：但泽自由市和通往波罗的海的波兰走廊。

"温斯顿回来了！"

1939年夏天，英国各大媒体正在酝酿着一场召唤温斯顿·丘吉尔重返政坛的舆论活动。一些资历较浅的阁员们响应了民众的号召，希望丘吉尔能够重返内阁，出任陆军大臣。对此，张伯伦却并没有任何支持的表态。张伯伦希望波兰人出让领土给德国，满足希特勒的要求，从而使欧洲局势能够一直平稳延续下去。

1939年8月23日，在世界各方政治势力的一片诧然声中，纳粹德国与苏联签署了《苏德互不侵犯条约》。这两个从意识形态到方方面面都严重对立的国家结成联盟，出乎欧洲其他国家所有人的预料，也让欧陆诸强顿时感到深深的威胁。张伯伦的希望破灭了，他

1939年9月1日下午，丘吉尔走出唐宁街。当天，纳粹德国入侵波兰，时任英国首相的张伯伦黯然说道："木已成舟。"两天后，英国对德宣战。

陷入了深深的沮丧之中。

　　两天后，英国与波兰签订联盟条约，许诺支持波兰抵抗纳粹德国的进攻。1939年9月1日，纳粹德国出动大量军队，以迅雷不及掩耳之势闪击波兰，迅速击溃波兰的防御，占领华沙。英国和法国要求德军撤退，但希特勒对英法两国的抗议置之不理。此时此刻，内维尔·张伯伦别无他选。1939年9月3日上午11时15分，张伯伦发表广播讲话，对德宣战。

　　与德军闪击波兰同一天，张伯伦召见丘吉尔，邀请他加入战时内阁，任命他为第一海军大臣。海军部电台随后向所有皇家海军战舰广播道："温斯顿回来了！"

　　丘吉尔黯淡的在野十年过去了，在漫长的恐惧压抑中，在不断的奔走疾呼中，第二次世界大战还是未能停下它的脚步，还是将灾难和战火带到了世间。

第6章

最光辉的
时刻

1939年，丘吉尔重返大英帝国权力中枢；1940年，他执掌首相之印。此时摆在他面前的是一条充满荆棘的道路，丘吉尔需要竭尽全力去开拓，需要带领英国民众为了生存而战。与此同时，在欧洲大陆上，纳粹兵锋所向披靡，到1940年中期，只有英国一个国家孤零零地站在纳粹德国面前。

丘吉尔慰问1940年4月10日在纳尔维克沉没的英国皇家海军军舰"坚韧"号（HMS Hardy）上幸存的军官和船员。

1939年9月3日下午6点整，丘吉尔加入张伯伦组建的战时内阁，重新进入那个阔别已久的第一海军大臣办公室。此时，距离大英帝国向纳粹德国宣战仅仅过去了7个小时，而距离他上次进入内阁已经时隔25年之久。丘吉尔在日后写道："我满怀着悲伤与痛苦的心情再次踏进这间办公室……再一次，我们的人民需要拿起武器，为了生存和荣耀而战，与强大而又愤怒、铁血而又无情的德国军队战斗！再一次，战斗起来！"

1939年9月4日，在第二次世界大战爆发一天后，丘吉尔重返阔别已久的海军大臣办公室。这一消息瞬间登上英国各大媒体头条。

尽管前路困难重重，但并没动摇丘吉尔的战斗信念。当时的丘吉尔已经年届65岁，到了许多人过起退休生活、颐养天年的年龄。但对于温斯顿·丘吉尔来说，他人生中最辉煌的时刻才刚刚开始。

丘吉尔重返内阁后面临的挑战是前所未有的。他很快发现了一个让人近乎绝望的危险事实：大英帝国的战备严重不足。工厂生产还没有完全动员起来。英国皇家空军的弹药、军需、装备、新式武器都严重匮乏。工厂的造舰能力没有全力开动，导致主力战列舰的护卫力量不足。

与此同时，纳粹德国则在波兰展示了一场震惊世界的迅猛攻势，彰显了德军无可匹敌的力量。纳粹德国空军先发制人，炸毁了铁路并消灭了波兰的空中力量，在空军的协同下，德国陆军的6个装甲师和8个摩托化步兵师仿佛一把把利刃将波兰的防线切割得支离破碎。1939年9月17日，苏联履行了和纳粹德国签署的互不侵犯条约，派兵从东部入侵波兰。到9月底，波兰已经全部沦陷，被苏德两国瓜分完毕。

　　1939年10月1日，丘吉尔发表了他的第一次战时广播演说。他向英国民众讲述了此时在波兰发生的一切，讲述了这个国家再次被俄国和德国两个大国瓜分的悲惨命运。他在演说中说道："波兰，在两个大国夹缝中生存的国家，如今再一次遭遇了过去150年间曾经历过的磨难。但是这些，并不能磨灭波兰民族的精神。激烈的华沙保卫战正是波兰民族之魂的体现，在日后，波兰民族依旧会像磐石一样挺立，迭遭战火，始终不屈。尽管时常会被大浪淹没，但潮退水落之后，礁石依然是礁石。"

1939年10月1日，丘吉尔发表了他的第一次战时无线广播。在这次广播中，丘吉尔谈及了德军潜艇对北大西洋的威胁、纳粹德国与苏联新签订的盟约以及波兰的困境。

> **1939年9月3日，丘吉尔于第二次世界大战爆发后的演讲**
>
> "我们不能低估了面前这场战争的艰巨性和即将到来的考验的严酷性。我们一定要挺过这场漫长严酷的考验。我们必将遭遇很多挫折，遭遇很多悲剧的意外，但我们要坚信，这一切都在我们大英帝国和我们的盟友法兰西共和国的承受范围之内……首相先生说今天是一个令人悲哀的日子，但除此之外，今天还有另外的一层意义，如果这些严峻的考验最终要降临到我们这片土地上，那么我们这一代的英国人民将证明自己，证明我们完全对得起往昔的荣光，对得起过去的先贤，对得起奠定基础、缔造伟业的祖辈。"

纳尔维克计划

丘吉尔全心全意地投入第一海军大臣的工作当中。他全盘考虑海军在战斗中可能遇到的一切问题，并想尽办法去解决它们，以进一步壮大英国皇家海军力量来对抗纳粹德军。在工作中，丘吉尔时常会灵光闪现，一个又一个点子纷至沓来。在战争爆发第二天，丘吉尔便建议法国军队在英国皇家空军掩护下，进攻"西墙"——德国的西线防御工事，以此来转移德军的注意力。8天后，丘吉尔又建议派出两艘战舰炮轰德国波罗的海沿岸。一周后，丘吉尔又计划出兵切断瑞典经由拉普兰的铁路和纳尔维克港到德国的铁矿石供应。如果英国皇家海军能够在挪威的领海里布雷，德国人的铁矿石运输船只便只能从纳尔维克港出海，那么，他们就会发现，在前方的路上，早有严阵以待的英国皇家海军战舰等着他们。

丘吉尔的方案得到了海军部的支持，却卡在了首相张伯伦那里。张伯伦对于丘吉尔提出的方案的态度如何呢？英国前内阁副大臣托马斯·琼斯博士写道："艰难而又迟钝，……他也会谈及英国民众的耐力和战争必将胜利，却总是以一种失败主义者的口吻。"

相比之下，丘吉尔总是显得自信满满，尽管他从没有给大家承诺过任何一个奇迹般的解决方案。他在议会的发言和公众广播讲话总是非常现实，充满希望，又十分大胆激进。在1939年10月1日的演说中，丘吉尔提及了英国皇家海军面临的德国潜艇部队的威胁，这是一个极具代表性的演说。在此后的战争岁月中，丘吉尔经常用此类演说来向英国民众宣告战况，来鼓舞民心。"我以英国第一海军大臣的身份郑重告知大家……目前看来，德国人的潜艇攻击对我们的生活和大不列颠岛并没有什么影响。确实，他们的突然出现一度打乱了我们的作战部署和生活节奏……德国人试图给我们造成一些大的损失，但英国皇家海军将立即展开反击，并不分昼夜地狩猎他们……我们必须认识到，在不久的将来，在公海上，德军潜艇部队会扩大对大西洋往来贸易商船的攻击规模……但同时，我们也希望，到10月底的时候，我们投入的反潜兵力将是现在的三倍……我们希望，通过我们的努力奋斗，不懈战斗，我们会源源不断地消灭这些'害虫'。"丘吉尔向民众警告说，这场战争有可能会持续三年之久，但是不列颠人民会战斗到底，"相信我们会是自由和文明的捍卫者。"

拒绝谈判

与许多同事不同，丘吉尔并不回避危险。1939年10月5日，阿道夫·希特勒表示他愿意同英国和法国和谈，以换取两国对德国占领波兰和捷克斯洛伐克的认可。对此，不少英国内阁成员都动了心——包括外交大臣哈利法克斯勋爵在内，愿意同希特勒谈判。丘吉尔则态度十分坚决，表示除非恢复这些被占领区民众的生活和主权，否则希特勒的和谈提议根本不应加以理会。

下页图：1939年10月4日，丘吉尔的儿子伦道夫·丘吉尔勋爵（左四）与帕梅拉·迪格比女士（左三）结婚。当这对年轻的情侣告诉丘吉尔他们没有足够的钱来结婚时，丘吉尔这样回答："结婚需要的是什么？是雪茄、香槟，还有双人床！"

丘吉尔觉得，解决德国的问题，唯有战争这一途径，而且必须以坚定不移的态度进行下去。但是内阁的其他成员则不以为然，他们并不能保证自己能全身心地投入这场战争。他们对丘吉尔提出的在挪威海域布雷并出兵封锁纳尔维克港的计划摇摆不定，直到1940年1月才将这份早在4个月前就提出的设想方案提交上去，而英国内阁此时却否定了丘吉尔的计划。

丘吉尔被激怒了！1940年1月15日，他给哈利法克斯勋爵写了一封措辞非常严厉的信："我们的战争机制给执行行动造成了如此大的困难，扼杀了不知道多少绝佳战机。我仿佛看到一道道高高的壁垒横亘在胜利和战斗中间……我不知是否有计划能够有机会翻越这些壁垒……胜利绝不是凭空得来的。"

1939年11月，丘吉尔会见英国远征军总司令约翰·哥特将军（中）。第二次世界大战开始后，英国特意派出一支远征军，协防法国/比利时边境。1940年5月，英国远征军已经发展到拥有10个步兵师、1个坦克旅和一支皇家空军派出的500架战机的分遣队的庞大规模。

相比于温斯顿·丘吉尔的坚决主战，张伯伦内阁慢吞吞的绥靖政策越来越不受英国民众的欢迎。曾经当过丘吉尔秘书的维尔莱特·皮尔曼夫人——丘吉尔称她为"P夫人"——对丘吉尔表达了一个英国民众的普遍看法："我认为，国家需要你，依赖你……向德国人表达英国的民族感情的唯一途径就是：勇敢地站在他们面前，打败他们，向他们证明，到底谁才是真正的胆小鬼。"

优柔寡断

张伯伦自己似乎并没有那种敢于直面恐吓的勇气。1940年4月2日，张伯伦发表一次演说，告诉德国元首阿道夫·希特勒，因为德国对征服波兰一事迟迟没有做出任何回复，英国人的忍耐已经到了极限。张伯伦警告希特勒"已经错过了解决问题的时机"。但很多事情往往事与愿违，希特勒根本没有按照张伯伦的想法行动的任何意思。一周之前，丘吉尔提出的纳尔维克行动终于展开，尽管已经过了最佳时机8个月之久。行动计划于1940年4月8日展开，但未能如预期般顺利推进。

为了防止英国皇家海军封锁波罗的海，保证瑞典的铁矿石向德国运输的海上通道，1940年4月2日，希特勒下令实施"维西河演习"计划，决定同时进攻丹麦和挪威，用空降部队和登陆部队的机动兵力夺取挪威的港口和机场，进而占领挪威全境，保障挪威海域的通畅。1940年4月9日凌晨，德军突然发起进攻，迅速占领挪威的重要港口奥斯陆、克里斯蒂安桑、斯塔万格以及纳尔维克。同日，德军地面部队进攻丹麦，越过日德兰半岛防线，不足一天便占领丹麦全境。1940年4月14日，英法联军开始在纳尔维克登陆，联合挪威部队试图夺回纳尔维克的控制权，与德军展开激烈的近战，然而却无济于事。英法联军的优柔寡断、行动迟缓，使得他们最终不得不吞下战斗失败的苦果。

纳尔维克行动中英法联军的多次观望，贻误战机，使得丘吉尔再次震怒。这一次，丘吉尔并不孤单，有许多人和他一样痛心疾首对页图：1940年5月8日，丘吉尔成为内阁首相的前两天，他来到议会参加有关挪威的战争局势的辩论。图中与他同行的是第一海军大臣、海军上将阿尔弗雷德·达德利爵士。

于张伯伦内阁的一错再错。1940年4月29日，许多议会高级议员强烈抗议哈利法克斯的"坐失主动权"。英国政府不仅在挪威一地如此，从1939年9月战争爆发开始，在全球很多地方都是如此观望，致使战机贻误，坐视德军壮大。许多张伯伦长久以来的坚定支持者也转而反对他的绥靖政策。张伯伦陷入了彻底的慌乱，他在众议院宣称英军在挪威已经重新夺回主动权，掌握了战局的平衡点，试图以此挽回民意。然而他的挣扎却无济于事。1940年5月7日，当张伯伦来到众议院展开关于挪威战局的辩论时，会场中充斥着"错过了

1940年1月，丘吉尔会见了法国东北前线指挥官阿方斯·乔治斯将军（右）。丘吉尔对法军落后的装备感到忧心忡忡，但法军指挥官却不以为然。

1939年10月1日，丘吉尔评论苏联入侵波兰

"苏联执行了一项自私自利的冷酷政策。我们原本以为苏联会是波兰的盟友，守卫在它的边境线上，而不是去入侵……现在，我无法预料苏联人的下一步行动。他们就像是一个笼罩在神秘中的谜团，让人无法捉摸，也许只能从苏联的国家利益去揣测一二。但是，让德国的势力扩张到黑海之滨，或者侵占巴尔干国家，这些都不符合苏联的现阶段利益和国家安全。自古以来，这些方面都与俄国的利益完全相悖。"

最佳时机"这样的谩骂声，在漫天的讽刺声中，张伯伦灰头土脸地暂停了辩论。

经过两天激烈的辩论，张伯伦内阁以微弱的优势暂时继续支撑下去，然而英国国内的民意却已经降至无可挽回的地步。多地爆发游行和示威活动，抗议现任政府的不作为——如此一来，张伯伦对要求他辞职的呼声再也无法坐视不理了。

走向宿命

在此时的英国国内民众眼中，丘吉尔是当仁不让的接替内维尔·张伯伦就任英国首相的第一人选；然而张伯伦却并不想将首相权杖交由一个他并不放心的麻烦制造者来掌管。张伯伦自己心中最合适的人选是哈利法克斯勋爵，但哈利法克斯本人却并不愿意继任，他向张伯伦建议道："温斯顿·丘吉尔，会是一个更合适的人选。"

时局突变，1940年5月10日，德国军队再次发动大规模军事行动，入侵比利时、荷兰以及法国。德国军队再现9个月之前在波兰的气势恢宏的进攻，用势不可挡的闪击战逼迫三国就范。内维尔·张伯伦和温斯顿·丘吉尔开诚布公地协商，在这个新的危急关

头，更换政府领导人并不是可取之举。然而，当张伯伦继续留任的新闻发布之后，许多保守党议员被彻底激怒了，他们坚决反对这样的决定。在内阁会议上，张伯伦极为尴尬地发现，工党议员中同样没有一位赞成他继续留任。不到一小时，张伯伦在白金汉宫向英国国王乔治六世辞去了内阁首相职务。

当晚，丘吉尔受召来到白金汉宫。国王戏谑地对丘吉尔说道："我猜你也许不知道我为什么召你来到这里。"温斯顿·丘吉尔，此刻正站在梦想的起点，站在权力的巅峰，他也用同样的语气对乔治六世回复道："我真的无法想象您为何召见我，陛下。"乔治六世笑着对丘吉尔说道："我想让你组建政府。"

这张1940年的宣传海报，显示了当时政府鼓励民众买国债为战争出力的画面。战争的成本巨大，1943年，战争的消耗达到顶峰，占全国总支出的55.3%。

丘吉尔感到深深的宽慰，如释重负。"我终于可以按照自己的意愿来谋划全局，"他在日后写道，"这一刻我觉得我真正地走向宿命，我此前人生道路上所经历的种种，都是为了此时此刻所做的准备，也都是为了今后所做的铺垫。"

摆在丘吉尔面前的，是前所未有的巨大危机和严峻考验。每一天，丘吉尔和他的"大联盟"——丘吉尔为自己领导的所有政党共同执政的内阁所起的别称——都面临着新的危机和新的威胁。纳粹德军如同一股汹涌而来的潮水一般，席卷低地国家（荷兰、比利时）和法国。1940年5月14日，荷兰在仅仅抵抗了4天后便投降了。比利时人还在苦苦坚持着，但局势每况愈下。

丘吉尔曾希望看起来无比强大的法国军队能够抵挡住纳粹德军闪电战的兵锋，然而法国人在马奇诺防线被攻破后，便失去了

1940年5月10日，在纳粹德军入侵低地国家后，英国内阁召开了一次紧急会议。几个小时后，内维尔·张伯伦辞去了内阁首相一职，温斯顿·丘吉尔、欧内斯特·贝文（左）和安东尼·艾登（右）负责组建新的内阁政府。在新的政府中，贝文担任劳工大臣，艾登则再次成为外交大臣。

斗志，很快就土崩瓦解了。丘吉尔曾不顾个人安危，冒着炮火，在1940年6月中旬，三天内两次飞到法国，亲自游说法军最高指挥部不要放弃抵抗。他甚至提出组建英法联军，来加强法国境内的兵力。然而，丘吉尔的所有努力都无济于事。法国人的求胜欲望消弭殆尽，战斗意志也没有了，法国总理保罗·雷诺亲口告诉丘吉尔，法国政府可能不久后就要同德国媾和。此时此刻，丘吉尔的心情在他的脸上表现得淋漓尽致："他坐在那里，一言不发地听着雷诺总理的诉说，泪水滚滚而下，滑过脸庞。"

顽强的斗志

法国的迅速沦陷自然给隔海相望的英国带来立竿见影的打击，英伦三岛将直面纳粹德国的攻击，中间仅仅隔了一道不足21英里（约34千米）宽的英吉利海峡。丘吉尔在对民众的讲话中从未逃避现实，无论现实多么残酷，或者将要面对多么可怕的未来。"伪装是愚蠢的……谎言支撑不了太久，很快就会被拆穿……我们必须要面对的是，对岸的法国大局已定，那些可怕的战争机器很快就会开到我们面前……岛上的人们，无论男女老少，都将面临严峻的考验……但是我们并不会被打倒，当这一天终将到来之时，我们会感到宽慰，甚至是骄傲——因为，有无数我们的士兵在战斗着，我们与他们分享这样的骄傲……我们的步兵、水兵以及飞行员们，保卫这里的领土，不使敌军踏入半步……他们要抵御敌军凶猛的攻击……我们的任务不仅仅是赢得一场战斗，而是要赢得这场战争的胜利！"

在这个阶段，丘吉尔还要遭受那些不赞同他坚决抵抗态度的顽固派们的诘问，他不得不与这些人周旋。内维尔·张伯伦便是这些

对页图：1940年2月，返回英国本土的皇家海军"埃克塞特"号巡洋舰（HMS Exeter）的船员正列队接受检阅，他们归来时受到了英雄的礼遇。在此前爆发于乌拉圭近海的普拉特河口海战中，"埃克塞特"号迫使战斗力更强的德军"格拉夫·斯佩海军上将"号袖珍战列舰逃入蒙得维的亚，后者最后被其船员凿沉。

人中的一员，他此时身为枢密院议长，掌管枢密院议长委员会。他向战时内阁会议这样透露："我们的战斗是为了保证我们最后的独立，如果对方（纳粹德国）给我们体面的对待，我们也许会考虑接受他们的条件。"丘吉尔闻言大怒，他警告内阁成员："希望我们都能振作起来，我们的国家会战斗到底，那些没有骨气的投降派不会得逞的。"

反抗与决心

　　大洋彼岸的美国对这场大战的态度亦是令丘吉尔头痛不已的事情。自从第一次世界大战结束，美国已奉行孤立主义长达二十多年。这一立场正好符合1823年提出的门罗主义，表明了美利坚合众

丘吉尔视察英国北部一个港口，站在英国皇家海军驱逐舰的甲板上望向大海。第二次世界大战期间的多张照片，因为保密问题，具体位置我们都无从得知。

国对这场席卷全欧洲的战争的态度。门罗主义使得美国保持中立，不再涉足欧洲列强之间的争端和政治冲突。尽管当时的美国总统富兰克林·德拉诺·罗斯福并没有受美国国会议员中盛行的孤立主义的影响，但民众中的这股风潮如此强烈，让他也无法忽视。

1940年5月15日，丘吉尔致电罗斯福总统，详述了欧洲大陆此时的战局，并请求美国援助。丘吉尔对罗斯福说道："如果需要的话，我们会继续战斗下去，即使是孤军奋战，我们也不会害怕。但是，总统先生，我相信您会认识到，美利坚合众国的呼声和力量如果压抑得太久，也许就起不到什么作用了。您将看到一个被全部征服了的纳粹化欧洲，以难以想象的速度，出现在您的面前……"

丘吉尔在信中还请求让英国使用第一次世界大战之后在美国海军造船厂中封存的50艘美国驱逐舰。尽管丘吉尔一再强调，这些珍贵的驱逐舰关系到英国的存亡，罗斯福总统最终还是拒绝了丘吉尔的请求：他的顾问担心如果英国皇家海军被击败，这批战舰会落入纳粹德国手中。次日，1940年5月16日，德军越过马奇诺防线——法国人在1930年到1935年在德法边境修建的号称坚不可摧的防线。

丘吉尔随后了解到，法国人已经撤出了战线上的所有部队。对此，丘吉尔做出的表态是坚持到底、战斗到底。他在1940年5月19日的演说中向公众表达了自己的信心："这难道不是我们尽自己最大努力来挽救自己的最好的时机吗？在我们身后——聚集着破碎的国家和被奴役的民族，捷克斯洛伐克人、波兰人、挪威人、丹麦人、荷兰人、比利时人——对于所有人来说，野蛮的漫漫长夜将要降临，即使有希望之星出现，这长夜也无法打破，除非我们战而胜之，我们必须战而胜之，我们定能战而胜之！"

巨大的危险

法国军队的撤退使得英国远征军陷入了巨大的危险境地。这10个师的兵力早在9个月前战争爆发之初便渡过英吉利海峡来到法国，以增援法国军队。此时此刻，防守在德军推进的必经之路上的英国远征军将成为高歌猛进的德军的直接攻击目标。

1940年5月24日，丘吉尔从缴获的德国机密文件中得知，德军正布下陷阱切断英国远征军返回英吉利海峡港口的路线，准备将这些军队一网打尽。当晚，丘吉尔便发出紧急命令，让英国远征军疏散。英国远征军立即沿法国北部海岸撤向英吉利海峡的加莱港口、布伦港口以及敦刻尔克港口。英国皇家海军全力开动，展开营救行动，以便让这些部队返回英国。但到5月26日代号"发电机"的撤退行动真正展开时，可供撤离的港口仅剩下敦刻尔克，其余的港口均已被德国军队迅速占领。

1940年5月27日，比利时国王利奥波德三世向德军请求停战。比利时人的投降使得英国远征军的处境更加危急：这使得德国人的前进路上少了比利时军队的抵抗力量，在敦刻尔克港口东侧打开了一个危险的通道。

1940年5月底，敦刻尔克大撤退开始。一时间，无数"小船"——私人船只、游艇、小舟、舢板，以及许许多多从其他海岸度假胜地开过来的游艇——都加入到皇家海军的营救行动当中，把英国远征军和法军载过英吉利海峡。在空中，德国空军不停地轰炸英吉利海峡中的救援船只。英国皇家空军与之展开激烈空战，并宣称击落德国飞机394架，己方只损失114架。尽管如此，英国远征军的处境依然十分严峻。

1940年5月10日上午，数以百计的德国伞兵在鹿特丹、海牙和穆尔代克等地附近空降，德军很快便控制了荷兰全境。

对页图：第二次世界大战期间，爱国海报在稳定英国国内民心和振奋士气方面效果显著。这张海报内容出自1940年5月13日丘吉尔的"鲜血、辛劳、眼泪和汗水"的演讲："来吧，让我们团结一致，并力向前！"

德国陆军的装甲部队早已做好准备，想一举攻下敦刻尔克港口，将滩头的数十万英法联军消灭殆尽，然而希特勒却下令装甲部队停止推进。希特勒的命令无异于放了英法联军一条生路，他下令的原因至今仍无人得知。人们普遍接受的解释是希特勒希望与英国人达成和解；还有一种说法则是敦刻尔克附近地形复杂，希特勒不希望宝贵的坦克部队在这样的复杂地形中冒险。无论其真正原因到底是什么，希特勒的这一次暂停给英法联军留了宝贵的时间，使得成千上万的英法士兵能够顺利撤离。1940年6月4日，敦刻尔克营救行动结束，在这次惊人的大撤退中，有338226名英法士兵从敦刻

1940年5月19日，丘吉尔作为首相第一次向英国民众发表广播演说

"联合王国的国民们，大英帝国的臣民们，我们的盟友们，以及所有热爱自由的人们，在此危急之际，我以首相的身份向你们讲话。此时，激烈的战斗正在法兰西和弗兰德斯（比利时）的土地上进行着。德国人，他们将空军轰炸和重装甲的坦克部队紧密配合，已经冲破了守卫法国北部的马奇诺防线，他们的战车正碾过法兰西开阔的田野……他们已经长驱直入，一路上散播着惊惶和恐惧。在他们的装甲部队身后，成群的步兵纵队正虎视眈眈，在他们的身后，纳粹动员的大军正滚滚而来……即便如此，我们也不能乱了阵脚……如果法军能再度恢复，并发起他们素来闻名的防守反击；如果英国远征军依旧展现出他们在以往的战斗中不胜枚举的英勇顽强和强悍战力——那么，战局将会很快得到扭转。"

尔克港口撤到英国。除了71门重型火炮和595辆车，其余所有的重型装备均被抛弃。尽管如此，"发电机"行动仍然是一场巨大的胜利，诚如丘吉尔所言，"这是一场奇迹般的解救"。

"永不投降！"

　　敦刻尔克大撤退在英国引起了巨大的轰动，对英国民众而言，这是自战争爆发以来一场久违的胜利。从法国回来的英国远征军士兵和法国士兵们受到英国民众的热烈欢迎。在这样的热烈气氛当中，丘吉尔依旧保持着对时局的清醒认知和冷静的态度，并对民众发表了第二次世界大战中最为振奋人心也最伟大的演说："虽然欧洲的大部分土地和许多著名的古国已经或可能陷入了盖世太保以及所有可憎的纳粹统治机构的魔爪，但我们绝不气馁，绝不言败。我们将战斗到底。我们将在法国作战，我们将在海洋中作战，我们将以越来越大的信心和越来越强的力量在空中作战，我们将不惜一切代价保卫我国本土！我们将在海滩作战，我们将在敌人的登陆点作战，我们将在田野和街头作战，我们将在山区作战。我们绝不投降。"

　　尽管美国不愿直接介入欧战，但欧洲大陆爆发的战争无可避免地开始影响他们。越来越多的迹象表明，一旦法国投降，德国人将在法国西海岸获得新的潜艇基地，这对大西洋的航运将造成巨大威胁。大西洋上的战斗是丘吉尔最关心的问题之一，他称之为"战争中的最大威胁"。如果英国皇家海军在大西洋上战败，英国从美国得到的援助将被切断，失去至关重要的供应线，失败将无可避免。德国海军的水面舰艇部队诸如"格拉夫·斯佩海军上将"号袖珍战列舰和"俾斯麦"号战列舰往往能够吸引民众足够多的注意力，然

1940年6月10日，温斯顿·丘吉尔和自己的议会秘书布兰登·布兰肯一起离开唐宁街10号首相官邸。克莱门汀并不十分喜欢布兰肯，觉得他对丘吉尔的鼓吹有可能使自己丈夫做出一些草率的决断。尽管如此，在第二次世界大战开始的那段艰苦岁月中，布兰肯始终不渝地支持丘吉尔，帮助他渡过难关。

而对于英国皇家海军和在大西洋上往来的商船而言，它们最大的威胁却是德军的U型潜艇。

"与这无形的、无限的致命危险相比，我多希望德国人发动的是全面的大规模的入侵，"丘吉尔在日后的回忆录中写道，"德国人针对我们补给线的打击，就像是用利齿啃噬我的肠道。"

鼓舞士气

德国海军对美国航运的威胁促使美国人请求英国的帮助。美国人想租赁大英帝国在美洲的八个殖民地基地：纽芬兰岛、百慕大群岛、特立尼达、巴哈马、牙买加、安提瓜、圣卢西亚、英属圭亚那。丘吉尔依然渴望得到美国的那50艘驱逐舰，他拒绝了美国人的要求，但这次交涉使得他意识到需要借助一些杠杆来达成自己的基本目标：规避孤立主义并说服美国加入战争。

1940年6月17日，敦刻尔克撤退完成后11天，法国向德国求和。1940年6月22日，在1918年德国签署停战协定的同一地点，法国同德国签订了停战协定。法国被一分为二，北方由德国控制，其余南部约三分之一的领土则由费利佩·贝当元帅组建的傀儡政府——维希政权所控制。英国失掉了所有的同盟国，只好孤军作

1940年6月17日，丘吉尔于法德停战后发表广播讲话

"从法国传来了非常糟糕的消息，我为勇敢的法国人民最终落入如此悲惨的境地深感痛惜……法国的情况对我们的行动和目标不会产生任何影响，我们不会改变。不仅如此，我们对法国人民的信任也依旧不会改变，我们坚信法兰西将会再度奋起，与我们并肩战斗。我们将坚守本土，与大英帝国的每一处领地一起，战斗到底，绝不屈服，直到希特勒加诸人类的恶毒诅咒最终被彻底清除。"

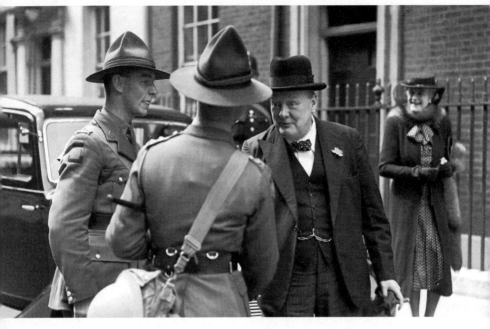

这张照片摄于1940年6月26日，丘吉尔停下来问候两名刚刚抵达英国的新西兰士兵。随着战争的进行，大英帝国的战争机器全面开动起来，百万大军从殖民地源源不断地加入战争。

战。这时，英国人民意识到国家、民族遇到了致命的威胁，从而表现得异乎寻常的英勇顽强，他们准备焕发精神，继续坚持抗德斗争。英国人民反法西斯的坚定立场，使丘吉尔的行动更加坚决果断。

　　1940年6月18日丘吉尔在下院发表讲话时说："法兰西战役已经结束，不列颠战役将会打响，这场战争决定着基督教文明国家的存续……我们很快将直面敌人的疯狂进攻。希特勒非常清楚，他要么击败我们这个岛国，要么在战争中一败涂地。如果我们能够击败纳粹，整个欧洲将重获自由，全世界人民也将能够迈向更加广阔，更加光明的未来。但如果我们失败了，那包括美国在内的整个世界将滑入万劫不复的深渊，人类也将进入至暗时刻……因此，让我们承担起自己的责任，假如大英帝国和英联邦能够再存续1000年，我们的后世仍将骄傲的宣称："这是大英子民最光辉的时刻。""

第 7 章

孤军奋战
的英国

从1940年6月22日法国投降，至1941年6月22日德军展开"巴巴罗萨"行动入侵苏联，把苏联拖入战争，整整一年时间，英国人始终是孤军奋战。在这一年中，英国皇家空军赢得了不列颠空战的胜利，挫败了纳粹德国的入侵，但英国的城镇则饱受德军闪电战空袭的打击。

1940年，丘吉尔为英国皇家海军"阿贾克斯"号巡洋舰（HMS Ajax）的船员签名。"阿贾克斯"作为一艘主力战舰，负责追击德国袖珍战列舰"格拉夫·斯佩海军上将"号，这艘德军战舰曾在大西洋击沉了多艘盟国商船。

在经历了长达六周的危机考验之后，战争终于进行到下一个阶段。1940年6月18日，丘吉尔在电台发表了名为"最光辉的时刻"的演说。他听起来似乎有些疲惫，声音有些粗鲁，并充满挑衅意味。当日晚，不列颠空战正式打响，120架纳粹德国轰炸机突袭英国东部。9名英国民众死于这场空袭。

丘吉尔在白金汉郡的契克斯首相官邸内度过了接下来的那个周末。气氛十分凝重，正如他后来对陆军大臣安东尼·艾登所说的那样："通常情况下，我醒来时总是满怀希望地面对新的一天。而这

一刻，我是带着心中难以掩饰的恐惧醒来的。"在6月20日，丘吉尔向下院的一个秘密委员会透露了在1941和1942年进行的反击计划，但此时没人能够保证英伦三岛还能坚持到反击发动的时候，重压之下的丘吉尔情绪时常摇摆不定，他的内心时常经历着沮丧情绪与暴躁的侵略情绪的较量。

丘吉尔倔强的表情，使他得到了"英国斗牛犬"的绰号。这是1941年丘吉尔登上《时代》周刊封面的照片。

丘吉尔的妻子克莱门汀对丈夫的这种脾气十分了解，她认为丘吉尔的这种情绪的波动使得同事们很难与他共事。对此，克莱门汀在给丘吉尔的信中专门写道："亲爱的，我希望我说出来之后你能原谅我，我认为你需要知道这点。你的一名随从、一位忠诚的朋友拜访了我，并且告诉我，因为你的粗鲁、讽刺和傲慢，你的同事和下属大都不喜欢你，这很危险。"她还说道："脾气暴躁、态度粗暴，它们只会造成厌恶或奴隶思想，除此之外，它们并不会给你带来任何好的结果……"

一个痛苦的选择

丘吉尔非常重视克莱门汀的意见，但在面对一个又一个的痛苦抉择时，他很少有时间来调整自己的情绪。此刻的丘吉尔正面临着

1940年10月，温斯顿·丘吉尔视察苏格兰的沿海防御状况。此前一年，一艘德军潜艇潜入斯卡珀湾的英国皇家海军基地，击沉了"皇家橡树"号战列舰，自此，丘吉尔对苏格兰的海岸防御格外重视。

这样的一个痛苦抉择：关于阿尔及利亚凯比尔港海军基地停泊的法国舰队的命运。1940年6月22日，法国与德国签订了停战协定，如此一来，这些装备精良的强大战舰便有了落入德国人手中的危险。奥兰的法国当局，忠于维希政府，拒绝与英国合作，使得英国人收编这些战舰的愿望变得遥不可及，无奈之下，丘吉尔下令摧毁这支法国舰队。

1940年7月3日清晨，英国皇家海军发起攻击，在地中海击沉一艘法国巡洋舰，重伤另一艘，并导致1300名法军水兵死亡。丘吉尔日后在回忆录中写到，攻击前盟友的行动是"可恶的"决定，这是他有过的不由衷的、最痛苦不堪的经历。

凯比尔港的行动还对英国的战局产生了一些意想不到的影响。它消除了世界上其余国家对英国战斗决心的怀疑，特别是美国，此前对英国争取和赢得战争的疑虑一扫而空，并且给英国一个新的称呼——"无情的解决者"。丘吉尔将凯比尔港行动称为"命运指针的转折点"。它使得全世界都意识到英国人是认真的，英国人的抵抗决心不会因任何事情而改变。

英国皇家空军的抵抗

在接下来的日子里，英国人民很快就将面临新的更为严峻的考验。德国人决定入侵英国，行动代号为"海狮计划"。为此，德国空军率先发起空中打击，旨在摧毁英国皇家空军，夺取绝对的制空权。

德国空军在"鹰日"派出三支航空队对英国实施突袭。德国空军元帅赫尔曼·戈林对此次袭击寄予厚望，期待能够一举重创英国皇家空军。战争爆发以来，英国国内的飞机生产进度大大加速，但还不足以与戈林的德国空军力量相抗衡。英国皇家空军只有650多架"飓风"战斗机和"喷火"战斗机，而他们所要面对的则是德国空军多达2800架的庞大战斗机群，这一差距看起来大到无可弥补，事实上却并非如此。英国皇家空军设法保证这些"飓风"战斗机和

"喷火"战斗机每天的出动架次达到600架次，同时英国皇家空军还有一大优势在于它们是从本土的基地出动。与之相比，德国空军的梅塞施密特Bf109型战斗机的出动架次为每天800架次，但它们的基地却是新近占领的基地，这些位于法国和比利时的基地不可能像英国本土基地那么完善。

为轰炸伦敦的德军轰炸机护航的是梅塞施密特Bf110型战斗机。这款双引擎战斗机在战斗中的表现堪称灾难，由于缺乏机动性和速度，往往成为英国皇家空军的"喷火"和"飓风"型战斗机的靶子。

此外，由于飞机所携带的燃料有限，德国空军战机在英国上空活动的时间被限制在25分钟左右。这也有效限制了德国空军的力量和机动性能。对于本土作战的英国皇家空军来说，最关键的空中优势在于可以得到地面雷达预警站的大范围预警。地面的雷达预警系统使得英国皇家空军可以集中作战力量，在正确的地方以逸待劳，迎击德国空军。

1940年8月的英国，天气炎热又晴朗。英国南部的天空万里无云，日复一日。双方交战战机尾部的水汽，在一碧如洗的晴空下拖出了长长的尾痕，使得地面的人们能够清晰看到两军交战的轨迹。英国皇家空军充分利用了雷达预警系统的优势。德国空军在"鹰日"的空袭共出动飞机1485架次，然而并未取得预想中的战果。英国皇家空军指挥官道丁预料到德军的行动，指挥北部和南部的战斗机适时迎击，击落45架德国飞机，相比之下，英国皇家空军仅损失13架战机。

濒临失败

无论何时何地，丘吉尔对国家的未来、民族的命运始终都保持一种孩子般的乐观与昂扬向上的态度。不列颠空战爆发后，前线的战况很快发回到位于伦敦唐宁街10号的首相官邸内。丘吉尔并不满足于仅仅看到这些干巴巴的战报，而是想亲眼看到英国皇家空军搏击长空的真实的英姿。1940年8月15日，丘吉尔驾车来到伦敦西北部的斯坦莫尔，亲自在英国皇家空军战斗指挥部里观察前线战斗的进展。第二天，他又来到英国皇家空军第11大队的指挥部里。

在不列颠空战中，英国皇家空军飞行员的英勇表现很快便在英国民众中广为传播。1940年8月20日，丘吉尔在下议院发表了名为

在1940年夏末，英勇的英国皇家空军飞行员一直和德国空军激烈战斗着。双方都伤亡甚众，这些飞行员的预期存活时间往往只有四到五周。

"少数人"的演讲："大不列颠岛上的每一个家庭乃至全世界的每一个家庭都感激你们……空军勇士们以无畏的精神勇敢迎接挑战，他们的努力和投入，扭转了世界战争的局势。在人类战争史上，从来没有一次像现在这样，以如此少的人，为如此之多的人，做出如此巨大的牺牲。"

自1940年8月24日起，德国空军集中袭击英国的机场、飞机制造厂、通讯和控制中心，给英国造成了巨大的损失，这使得英军许多重要的部门陷入瘫痪。到9月5日，英国皇家空军共损失450架飞机，飞行员伤亡多达231名，英国陷入了崩溃的边缘。即便如此，德国空军仍未敢言必胜，因为英国皇家空军依然在浴血奋战，尽管伤痕累累，但却并不言败。

不列颠战争爆发伊始，阿道夫·希特勒和赫尔曼·戈林一直希望能够以迅雷不及掩耳之势重创乃至摧毁英国的防御力量。他们的首要目标便是英国皇家空军。然而，经过多日的战斗，他们发现英国皇家空军远比他们想象的更加顽强坚韧。于是，他们改变了攻击目标。

这一次，伦敦成了德国空军的泄愤之地。1940年9月7日，300多架德国轰炸机与600架战斗机在泰晤士河口上空轰鸣，直奔英国船厂而去。在短短的几分钟内，这些飞机就不加区别地扔下了成千上万颗炸弹，使得建筑和房屋毁于一旦。黄昏时分，伦敦东南部上空由于地面燃烧而积聚了厚重的烟雾。晚上8点左右，第二波飞机来到伦敦。在接下来的8个小时中，很多伦敦人都以为整个伦敦市都已陷入熊熊大火之中。在随后的大半年时间内，德国空军持续不断地轰炸伦敦，给这座城市造成巨大的破坏。

事实证明，这是一次错误的战术行动，德国空军对伦敦发起的一系列名为"空中闪击战"的空袭行动，给了满是创伤、疲惫不堪的英国皇家空军最为宝贵的喘息机会，让英国皇家空军得以休整和

下页图：1940年9月10日，伦敦空战的第三天，德国空军袭击了巴特西地区，将这里炸成一片废墟。这张照片记录了丘吉尔视察该地区时安抚民众的场景。

补充。伦敦大轰炸刚开始是在白天进行，但在白天的战斗中，德国空军的轰炸机损失惨重。随后，德军便改为晚上袭击。在一次空袭中，德军的炸弹直接命中一个防空洞，洞内有40人遇难。丘吉尔勘察废墟时，来到一群悲痛欲绝的幸存者和逝者的亲属中间。在凄惨的号哭声中，丘吉尔备受打击，陷入了不知所措之中。看到这样的人间惨剧，看到无辜的百姓在战争中受难，丘吉尔情不自禁地流下了眼泪。

由于德国空军空袭力度加剧，唐宁街10号的首相官邸也变得不安全。1940年9月16日，丘吉尔、克莱门汀以及首相官邸的工作人员搬到了圣詹姆斯公园对面的一栋特别加固的大厦里。这里的房间经过了加固，房间内特别加装了钢梁和钢制百叶窗。空袭警报一响，钢制的百叶窗便会关上，以应对可能来临的袭击。在接下来的战争岁月中，这栋建筑一直是丘吉尔的办公场所之一。大楼的地下室里，有中央作战室，后来改为内阁作战室，成为丘吉尔的战时内

丘吉尔对1940年12月德军空中闪电战造成的破坏感到震惊。他在发给美国总统罗斯福的电报中写道："他们几乎将大半个伦敦烧成白地，这里的惨状令人震惊。"

阁与国防委员会开会的场所。

　　丘吉尔不愿意一直待在这栋强化的掩体内，一到晚上，他便会来到楼顶，听着飞机的呼啸声、高射炮的轰鸣声以及炸弹落下时刺耳的爆炸声，看着炮火和探照灯的光柱撕破夜的黑暗，看着美丽的城市在战火下变得满目疮痍。一年之前，丘吉尔还相信，人类心中的仁慈和悲悯会使得战争不这么残酷；时至今日，伦敦夜空中不时亮起的炮火和燃烧的烈火，使得丘吉尔的内心变得无比坚硬，对战争也不再抱有任何的幻想。他的秘书约翰·科尔维尔在9月19日的日记中写道："（首相）对德国人所怀有的仁慈正越来越少，而对痛击德军的谈论却越来越多。"

　　截止1941年5月纳粹的"空中闪击战"结束为止，纳粹空军已经对从伦敦到考文垂，利物浦在内的英国工业城市和港口进行了长期的轰炸。在这9个月期间，超过43000名英国平民罹难，另有51000人重伤，大量城区被夷为平地。

　　1940年9月15日，在德国空军对伦敦发动空袭后的第8天，英国皇家空军再次出击，使得德国空军对伦敦的空袭不得不暂时告一段落。这一天，约500架次的德国空军飞机越过英吉利海峡，但只有大约70架次来到了它们的预定目标——伦敦中部。据英国皇家空军统计，这一天有174架敌机被英国皇家空军战斗机击落，另外还有9架被地面的高射炮击落。英国方面则付出损失25架飞机和阵亡13名飞行员的代价。同一天，英国皇家空军的轰炸机群会同英国皇家海军也取得了骄人战绩。它们在法国北部海岸共摧毁了约200艘集结起来准备渡海入侵英国的德军驳船。渐渐地，德国空军在白天的空袭规模越来越小，空袭逐渐转入夜间行动，从1940年9月30日起，德军再也没有在白天发起过大规模空袭。

　　德国人从来没有征服过英国的天空，而没有绝对的制空权，入侵英国的军事行动也就几乎不可能成功。1940年9月17日，阿道夫·希特勒宣布无限期推迟"海狮计划"，英国暂时脱离了危险。但是丘吉尔并没有放松警惕，他在下议院的秘密会议上讲道："相反，我们更应该时刻保持警惕，快速稳步地发展我们陆海空三军

的力量……我们必须不惜一切代价保持我们的力量……相比于几个月前的困境，经历了重重艰苦和危险的磨练之后的我们，此时此刻更容易看清现在的处境和未来的路……全世界的人们，无论是盟友还是敌人，都看到了英国人和大英帝国的持久和坚韧……我们务必要团结一致，我们必须要坚定不移，我们一定要无所畏惧！我们的品质和作为必须要将光辉散播到现在的欧洲大陆，涤荡那里的黑暗，点燃所有欧洲人民拯救自己的灯塔，直到取得最后的辉煌成就！"

1941年年初，丘吉尔在肯特的靶场上试射9毫米口径的"斯登"冲锋枪。这种冲锋枪便宜可靠，容易大量生产，第二次世界大战期间在英国和英联邦部队中广泛装备。

联盟的诞生

　　丘吉尔的坚定决心，连同他领导下不列颠战役的胜利，给美国总统罗斯福留下了深刻的印象。他现在愿意与丘吉尔合作。罗斯福总统同意丘吉尔此前提出的租借50艘驱逐舰的请求，以抵御德国潜艇部队对大西洋航线的威胁。作为交换，美国需要向英国租借加勒比海国家的军事基地。1940年9月，英美两国签订了基地和驱逐舰的交换协议。对丘吉尔而言，这无疑是一项重大的成就，因为这意味着英国和美国之间已经形成一个联盟。

对页图：丘吉尔和克莱门汀在英国会见了波兰的瓦迪斯瓦夫·西科尔斯基将军。西科尔斯基将军是波兰在伦敦的流亡政府总理，在1943年的直布罗陀空难中遇难。

对页图：1940年5月10日，德国轰炸机摧毁了英国下议院的议事楼，所幸没有造成重大人员伤亡。

美国国会和民众们都强烈反对美国介入欧洲事务，迫于压力，罗斯福总统坚持保密。因此，虽然罗斯福和丘吉尔达成一致，决定开展长期的合作发展计划，但给出了一个神秘的名字：武器标准化委员会。该委员会旨在查明并开拓英国和美国可以具体展开战略合作的领域。此时的英国，最迫切的需求便是粮食和武器。当罗斯福的特使哈利·霍普金斯于1941年1月到达英国时，他发现，美国至少需要向英国输送2400万吨武器弹药和1600万吨粮食才能保证英国维持当前的战斗能力。

租借法案

英美两国战略合作计划的一大问题便是英国该如何支付这么庞大的战争物资。战争爆发15个月之后，英国的黄金和美元储备已经严重枯竭：订购1941年头三个月的武器弹药便花去了一半以上的储

1940年9月11日，在纳粹"闪击伦敦"期间的广播演说

"对伦敦的惨无人道、丧心病狂的狂轰滥炸，是希特勒侵略计划的一部分。他以为对平民、妇女和儿童的屠杀，会吓倒这座伟大城市的人民，会让这里屈服……他根本不了解不列颠民族的精神，根本不了解伦敦子民坚韧的性格。我们自幼所受的教育就是自由高于一切……这个昔日的邪恶和耻辱交织在一起产生的妖魔化的怪物，妄图通过丧心病狂的屠杀来打垮我们的民族。他不知道他的所作所为只会点燃这里乃至全世界大不列颠子民心头的怒火；他不了解这股怒火会长久地放射光芒；他亲手点燃的怒火会将纳粹的暴政推翻，将他们在欧洲的残余焚烧殆尽……"

备。罗斯福总统用租借的方式解决了这个问题，允许英国接受来自美国的武器和其他物资，并延迟付款直到战争结束。就租借条款英美两国进行了艰难的讨价还价：英国不得不出售一些黄金和固定的商业资产来偿还债务。尽管条件较为苛刻，但这对丘吉尔来说仍是一个令人振奋的消息。这意味着，英国在对抗希特勒的纳粹德国的战斗中得到了一个长期有效的帮助。1941年1月，英美两国在华盛顿的会谈结束，美国对英国的援助终于确定下来。这表明，美国人愿意考虑同英国人建立一支联合军事力量。

与此同时，哈利·霍普金斯代表美国政府与丘吉尔政府在伦敦签署了其他两项协议。第一项，情况危急时，美国将使用航空母舰运输飞机支援英国；第二项，英美两国共享被纳粹占领的国家和地区的情报信息。1941年1月底，两位美国信号情报专家携带一台"紫式编码机"——德国恩尼格玛密码机的日本仿造版——来到英国布莱切利公园，双方正式展开实战合作。

在过去的十年中，日本已经入侵中国，加之他们展开的太平洋经济优势计划，使得美国人一直密切关注日本人的动向，以防他们发动战争危及美国的安全。现在，英国人的加入到这项行动当中，

1941年6月22日，丘吉尔评论德国入侵苏联

"今天凌晨4点，希特勒入侵了苏联。这一次，他更加精心更加狡诈地重现了惯用的背信弃义的套路。苏德两国曾经签订了互不侵犯条约，并且已经生效……在虚假的信任的掩护下，德国人在北冰洋到黑海一线集结了大军……既没有宣战，也没有最后通牒，毫无征兆之下，德军的炸弹从苏联上空倾泻而下，地面部队长驱直入……地面部队突破边境一个小时后，德国大使才会见了苏联外交部长，声称两国已经处于交战状态。然而，就在一天前，也正是此人，还一直向苏联保证，德国是苏联的朋友，苏德两国是牢不可破的盟友。"

无疑给美国的情报监听和破译工作带来了巨大的便利：英美两国的情报破译人员在布莱切利通过掌握的日制编码机可以截获大量日本外交官、领事官员以及军用和民用船只所发出的绝密无线电通讯。

哈利·霍普金斯在1月底返回华盛顿，短暂的英国之行给他留下了极为深刻的印象。丘吉尔也确保这位罗斯福总统的特使在三周的英国之行中获得了足够全面的关于不列颠战争的信息。丘吉尔把哈利·霍普金斯带到苏格兰，在那里他亲耳聆听了英国首相向格拉斯哥的民众们发表的演说："我们的一个重要目标就是，将希特勒主义赶出欧洲！"他们还一同视察了多佛港口，亲眼看到了严阵以待的英国士兵时刻提防着德国人可能从法国海岸发起的进攻。而在伦敦，霍普金斯感受到了这座城市的希望。在德军空袭的摧残下，在食物、衣物、燃料都要配给供应的窘迫下，伦敦市民仍旧保持着不屈的精神和乐观的幽默感。

美国人的钦佩

在哈利·霍普金斯返回美国前一周，他来到契克斯，给丘吉尔带来了一个装有美国唱片的盒子。丘吉尔将其中的爵士乐、摇摆乐唱片挑了出来，并一直听到了半夜。丘吉尔的首席私人秘书埃里克·希尔写道："丘吉尔傍晚的时候，会去散一散步，有时候也会伴着音乐跳一段舞。我们深深地被他的乐观精神所感动，在优美的音乐和精致晚餐的助力下，英美同盟的协商也向着良好的方向变化。"

在伦敦的这段时间，哈利·霍普金斯和丘吉尔形成了持久而又牢固的友谊，他对丘吉尔表示由衷的钦佩。他个人的钦佩之情也帮助英国清除了英美合作中的许多障碍。回到美国后，哈利·霍普金斯对罗斯福总统说道："他直接主导着英国的战略部署和战争实施……他对英国各阶层的人们都有着惊人的把握力。他对英国的军人和工人阶层有着非常强大的掌控力和领导力。"

特别行动处

丘吉尔极其反感按照既定方案步步推进，他在脑海中时常酝酿着新的想法，他也经常推行新的方案来指挥战争，以获取胜利。其中一个极为大胆的想法便是出兵攻占德国北部，开辟第二战场，"如此，德国人便不得不体验一下在自己国土上打仗的滋味"。丘吉尔的另一个想法就是鼓动挪威首都奥斯陆发动起义，动摇纳粹德国在欧洲的统治，以此来摧毁阿道夫·希特勒所谓的"伟大成就"。丘吉尔的天才想法中，最为可行的便是组建英国特别行动处。这个秘密机构，便是日后大名鼎鼎的"SOE"（Special Operations Executive）。

1940年7月14日，丘吉尔成立了特别行动处，协调被占领区的小股武装反抗力量，为他们的破坏和颠覆行动提供物资和训练。丘

1941年12月26日，丘吉尔造访华盛顿特区，带了一批特工人员保障自己的安全。这是他首次在美国国会向两院演讲，当天晚上，在巨大的情绪压力和两年来辛勤劳作的双重打击之下，丘吉尔犯了心脏病。所幸，这次病情并不严重。

吉尔将特别行动处视为"一种新的战争工具",他预言,特别行动处"必将点亮整个欧洲大陆"。这是满怀祝福的赞美之词,而后来英国特别行动处在欧洲的表现也使得其不负此誉。

在法国,特别行动处曾大放异彩。1944年6月6日,盟军展开"霸王行动",在盟军登陆诺曼底之前,英国特别行动处领导的力量就已经给德国守军造成不小的打击。德军的铁路、公路、桥梁以及通信均受到不同程度的破坏,敌后破坏部队还主动对德军展开伏击,狙击手消灭对方的士兵和机枪阵地,破坏专家们让敌军的车辆瘫痪燃烧。

1940年年底到1941年年初,战争的规模仍在不断地扩大。在北非,英军也是孤军奋战,对抗德国和它的意大利盟友。意大利于1940年6月10日对英宣战,英国成了在北非抗击纳粹军队夺取至关重要的苏伊士运河的唯一力量。1941年5月,英国人将埃塞俄比亚从意大利人长达五年的占领中解放出来。对于欧洲大陆,丘吉尔和其内阁成员们则密切关注着欧洲东南部的紧张形势。

1941年1月9日,英国情报人员破译德军绝密情报,得知德国空军准备入侵希腊。1940年10月,意大利入侵希腊,却遭到希腊人的迎头痛击,深陷其中无法自拔,德国人此次便是想解救自己的盟友。早在1939年3月,英国政府便向希腊政府承诺,一旦希腊受到攻击,英国便会出手援助。丘吉尔和他的战时内阁都希望能够好好履行承诺,但却心有余而力不足。在北非战场上,隆美尔率领的德国非洲军团在西部的沙漠中所向披靡,取得了惊人的战果。从北非撤出兵力援助希腊,可能会危及英军在埃及的战局,甚至可能丧失对苏伊士运河的控制权。

希腊和巴尔干

对于这样的取舍,丘吉尔表现出了罕见的慎重。"如果你们觉得对希腊的援助将会重蹈在纳尔维克的覆辙,那就不要考虑自己对希腊的义务。"丘吉尔对安东尼·艾登和英军中东总司令阿奇博

这个是以温斯顿·丘吉尔作为主题的"为自由奋斗"的爱国海报。海报上的文字"给我们装备，我们会完成任务"，出自1941年2月9日丘吉尔在伦敦的广播演说。这是写给美国人的，当时虽然美国并未参战，却给了英国至关重要的装备供应。

尔德·维维尔将军说道，"如果没有完美的计划，那就拒绝吧。"出于谨慎，丘吉尔还补了一句："当然，你们都很清楚一旦成功意味着什么。"如丘吉尔期望的那样，内阁还是通过了援助希腊的计划。与此同时，在欧洲东南部，一个亲纳粹的集团正在形成。1940年，匈牙利和罗马尼亚与纳粹德国结为盟友，没过多久，保加利亚也紧随其后。1941年3月24日，南斯拉夫亲纳粹的总理德拉尼沙·维特科维奇与希特勒签订协议，成为第四个加入轴心国集团的国家。南斯拉夫军民于1941年3月26日发动政变，推翻亲纳粹政府。新政权宣布与德国签订的协议无效。希特勒震怒之下，联合意大利于4月6日凌晨向南斯拉夫发起大规模进攻。4月13日，德军占领南斯拉夫首都贝尔格莱德，南斯拉夫国王和大臣们纷纷逃亡。4月17日，南斯拉夫宣布投降。短暂的战斗中，南斯拉夫军队付出了惨痛的代价，9万多人被俘虏，数以千计的平民罹难，首都贝尔格莱德几乎被夷为平地。

希腊人也遭遇了类似的命运。1941年4月6日，德国空军袭击了希腊的比雷埃夫斯港口。此时，在港口中，英国皇家海军正在卸下运给希腊的援助物资，德军突如其来的打击使得港口内的船只遭遇灭顶之灾：6艘船只沉没，还有1艘停泊着的满载200吨高爆炸药的船只当场爆炸。比雷埃夫斯港口被彻底摧毁。在希腊其余的地方，德军迅速突破希腊军队防线，于4月9日占领萨洛尼卡，迫使希腊第一集团军撤出萨洛尼卡并最终于4月21日投降。

增援希腊的英军此时陷入绝境。约7.5万名英军士兵在亨利·梅特兰·威尔逊将军的指挥下迅速撤退。英军计划撤往克里特岛——1940年，英国曾在此修建军事基地。但德国空军肯定不可能让英国人顺利如愿。德军派出令人畏惧的"斯图卡"式俯冲轰炸机对英军交通线发起袭击，空袭整整持续了一个星期，造成成千上万英国士兵的伤亡。最后，仅有5万名英军士兵撤离到克里特岛。

信心满满的表象

英军在仓皇之下撤到了克里特岛，德国人紧追不舍，5月20日，德军共有2.2万名士兵登陆，进攻英军。疲惫不堪且补给严重不足的英军士兵坚守了一个多星期，直到英国皇家海军舰队赶到，将他们救走。在这个过程中，英国皇家海军损失2000多人，并有5000多人不得不向德军投降。灾难性的希腊和克里特岛战役，严重挫伤了英军士气，给英国的声望也造成了难以估量的打击。雪上加霜的是，北非的战况也濒临崩溃边缘。隆美尔的非洲军团发起闪电攻击，势如破竹，将英国军队逐出沙漠，压迫至埃及边境。

在这种情况下，丘吉尔始终没有丧失信心，并保持着乐观的精

下页图：1940年11月14日，德国空军轰炸了考文垂，在10小时的轰炸中共投放了503吨高爆弹和881枚燃烧弹，将圣米迦勒大教堂和周围地区夷为平地。

神。在这样的困境中，丘吉尔的广播演讲成了鼓舞英国民众最好的办法，有力的语言，振奋人心的高呼，提振起低迷的士气，支撑着这个民族坚持下去。丘吉尔在广播中一再向民众肯定，他坚信这个国家终将获得胜利："任何有远见卓识、懂得谨慎思考的人都将确信希特勒和墨索里尼终将失败。"然而，在这样信心满满的表象之下，丘吉尔本人也曾几近崩溃。

1941年4月27日，英国战争办公室军事行动处主任约翰·肯尼迪少将在契克斯举行的晚宴之后建议英国军队应该撤离埃及。丘吉尔闻言十分愤怒，客人们花了很大工夫才使他平静下来。十天之后，丘吉尔的心情愈加晦暗。英军在埃及和希腊克里特岛惨败，以及英国大西洋上的运输生命线频遭德军重创，这一个个不利的消息

丘吉尔在1941年造访北美期间，曾于12月30日在渥太华的加拿大议会联合会议上发表演说。在丘吉尔的演说中，他提到1940年法国人对英国战役的悲观预言："三个星期内，英国就会像一只被掐住脖子的鸡。"对此，丘吉尔反驳道："到底谁是鸡，谁被掐住脖子？"

纷至沓来，让丘吉尔在众议院中饱受批评。

从1941年的3月到6月，仅德国空军的行动就会在大西洋上击沉约16.7万吨的英国运输船。这样惨痛的损失使得本就捉襟见肘的英国战备变得更加举步维艰。丘吉尔要求投票表决坚持战斗的信心，结果以447票赞成、3票反对的巨大优势通过了继续抵抗的决定。这是至关重要的决定，但这样的过程却让人惴惴不安。

1941年夏天，战事的发展分散了英国国内针对丘吉尔的批评者的注意力：纳粹德国即将撕毁1939年签订的《苏德互不侵犯条约》。此前，德国人已经在苏德边境集结了部分军队、坦克和其他武器。现在，随着巴尔干四国联盟的形成，以及希腊和南斯拉夫的陷落，德军的目的昭然若揭：德国人已经为入侵苏联在南线做好了准备。

1941年6月22日凌晨4点，德国展开"巴巴罗萨"行动，入侵苏联。德军150个师的部队沿着从黑海向北直至北极圈的长达1250英里（约2012千米）的战线向苏联腹地扑去。至此，英国终于不再是孤军奋战。然而，一旦苏联失败了，那么事情就会像丘吉尔预料的那样，希特勒会重启搁置的"海狮计划"，再次集结兵力，卷土重来。

第章

全面战争

随着1941年6月德国入侵苏联，以及1941年12月7日日本偷袭珍珠港，美国对日宣战，英国终于迎来了两个强大的盟友：苏联和美国。1941年12月8日，丘吉尔履行了和罗斯福总统曾于11月签订的协议，对日宣战。在经历了最初的措手不及后，战事逐渐开始转向对盟军有利的态势。

1941年7月14日，丘吉尔称赞在一片废墟中的伦敦市民："你们（德国人）尽管来吧，我们会做到最好！"

　　纳粹入侵苏联使得丘吉尔放下了对苏联长达二十多年的仇视。见到此时的苏联成为纳粹兵锋所指之地，丘吉尔立刻放下了对共产主义几十年的敌对态度，转而尽可能地给予苏联支持。1941年6月22日，丘吉尔发表了这样的广播演讲：他承认从来没有人是比他更为坚定的反共产主义者，然而，现在，这一切都变了。"在新的战争面前，我们要放下过去所有的仇视和敌对……过去的一切罪恶、愚蠢、悲剧，林林总总，都已经过去……我们要尽可能地帮助苏联和苏联人民，来对抗这个世界上最邪恶的力量……苏联的危险……就是我们的危险。"

　　早在"巴巴罗萨"行动十天前，丘吉尔便将截获的德国密电发给苏联的领导人约瑟夫·斯大林，告知他德国人即将入侵。同时，丘吉尔十分小心以防斯大林知悉英国在战争中的情报来源——布莱切利公园密码破译中心。德国入侵苏联五天后，布莱切利公园破译

丘吉尔刚刚结束在纽芬兰岛普拉森舍湾与美国总统罗斯福的历史性会面，返回英国。

1941年8月21日，加拿大总理威廉·莱昂·麦肯齐·金参观了丘吉尔在唐宁街的首相官邸。
1939年9月10日，加拿大对德宣战，超过130万名加拿大士兵参加了第二次世界大战。

了德国在入侵苏联军事行动中所使用的恩尼格玛编码，并再次将截获的密电发给约瑟夫·斯大林，使得苏联红军指挥官能够预知德军的进攻战略。苏德战争打响后，丘吉尔立刻在西线战场上发起进攻，以此来分散德军兵力，缓解苏联人的防御压力。战争爆发后两天，丘吉尔下令英国皇家空军轰炸驻扎在法国北部的德国军队和舰船；十日之后，英国皇家空军再次出击，这一次的目标是位于德国腹地的莱茵兰区和重要的鲁尔工业区。1941年7月6日，英国皇家空军共出动400余架次，轰炸了法国北部；当晚又出动250架轰炸机袭击德国的莱茵兰和主要工业区。1941年7月12日，英国和苏联在莫斯科签订了《关于对德国战争中共同行动之协定》，这也成为后来国际反法西斯同盟的雏形。在1941年7月7日发给斯大林的电报中，

丘吉尔说道："我们会尽最大可能帮助你们……我们目前唯一能做的，只有战斗，去铲除这些恶徒。"

丘吉尔在面对斯大林乃至全世界人民时，都表现出对苏联的充分信任。事实上，丘吉尔非常担心苏联被打败，像法国一样投降。尽管丘吉尔曾一再向斯大林发出警报，但这位苏联领导人心中始终不确信德国人会入侵，以至于战争爆发后，苏联红军完全没有做好准备。在德军闪电战的凌厉攻势下，苏联红军毫无招架之力，超过60万士兵沦为战俘，苏军防线上剩余的军队则是一溃千里。德军迅速推进，攻陷大片大片的苏联领土，短短四周时间，便推进至距离莫斯科仅仅224英里（约360千米）的地方。对于苏联此时的状况，英国内阁上下皆是一片忧心忡忡。不仅丘吉尔，包括外交大臣安东尼·艾登、英国驻莫斯科大使斯坦福·克利普斯爵士、总参谋长约翰·迪尔爵士，都觉得苏联可能坚持不了太久。美国对苏德战争的态度更加悲观，美国驻英大使约翰·吉尔伯特·温南德认为，苏联

1941年8月，丘吉尔乘坐"威尔士亲王"号战列舰，前往纽芬兰岛的普拉森舍湾。4个月后，他就很心痛地得知这艘战列舰在太平洋被日军击沉。

在战争爆发后六周内就会向纳粹德国投降。

六周的时间很快就过去了，苏联人依旧在坚持着，这对于英国来说是积极的情况。但不容乐观的是，英国对苏联的供应已经影响到了自身的武器库存，尤其是战斗机和轰炸机方面对苏联的援助，使得本就不宽裕的英国皇家空军显得更加捉襟见肘。有鉴于此，丘吉尔觉得应该和美国商议，由美国负责向苏联提供物资援助。

普拉森舍湾会谈

1941年8月，丘吉尔来到大西洋彼岸的加拿大，在加拿大东北部纽芬兰岛的普拉森舍湾与美国总统富兰克林·罗斯福举行了会谈。这不是两人的第一次见面。早在第一次世界大战结束时，两人就有了政治上的会面。当时的罗斯福给丘吉尔留下了非常深刻的印象。此时，丘吉尔对罗斯福超人的毅力和决心感到钦佩，正是这种决心和毅力使得在39岁时患了脊髓灰质炎（小儿麻痹症）的罗斯福重新回到国家权力的巅峰。在返回英国后，丘吉尔对自己的同侪们如此说道："我和我们伟大的朋友（富兰克林·罗斯福）之间已经建立了非常温暖而又深厚的友谊。"

在会谈开始之前，丘吉尔便和他的随从们一道用一个下午的时光逛了整个普拉森舍湾。他的一位随员雅各布上校回忆道："我们一起爬上山崖，首相大人像个孩子一样兴奋，还会把崖上的一些石子踢向大海。"1941年8月11日，丘吉尔和罗斯福的会谈正式开始，会谈之初，丘吉尔便很满意双方达成的一些共识和协议。在这次会议中，双方签署了一项对后世极有影响力的协定。1941年8月14日，美国总统富兰克林·罗斯福和英国首相温斯顿·丘吉尔正式签署《罗斯福丘吉尔联合宣言》，也就是著名的《大西洋宪章》。宣言中很重要的内容便是：英美两国不寻求任何领土或者其他方面的扩张，不希望看到发生任何与有关人民自由表达的意志不相符合的领土变更，尊重所有民族选择他们愿意生活于其下的政府形式的权利。罗斯福总统还承诺，美国将在战争中投入更多，包括对苏联

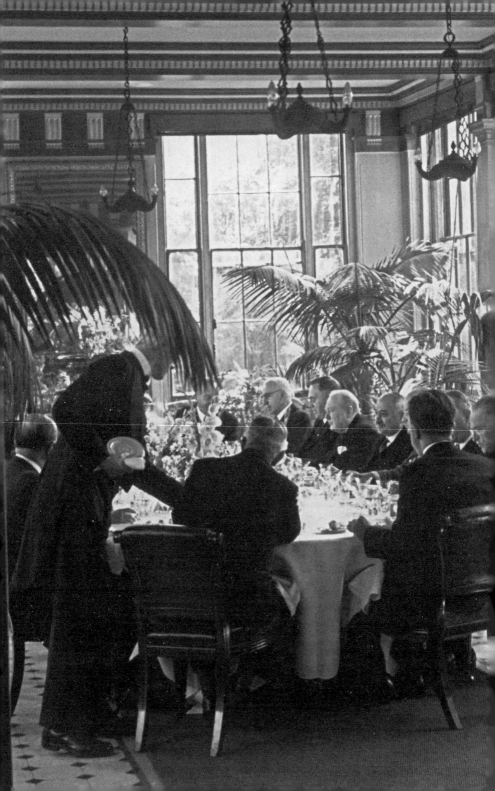

的大规模援助，向英国提供更多的坦克和轰炸机，并为大西洋上的每个船队都提供5艘驱逐舰以进行护航。

丘吉尔对英美两国达成的协议非常欣慰，但是他很快便发现，美国国内根本无意于直接加入战争：罗斯福返回华盛顿后，向国会和民众澄清美国和英国在普拉森舍湾的会谈并没有达成美国直接参战的决议。在这种总统很想参战而民众并不情愿的情况下，罗斯福告诉丘吉尔，事情需要一个契机：一个巨大的轰动性的、能够完全消除民众的疑虑、能够瞬间点燃民众对敌人的仇恨的事件。

丘吉尔在给哈利·霍普金斯的电报中写道："总统先生（罗斯福总统）在美国国会的未达成直接协议和绝不参战的声明使得我们的政府和民众的士气都很受打击……一旦德国击败了苏联，东线战事结束，而美国若仍不参战，那么我们就会陷入战争爆发以来最大的危机当中。"

希望之光

1941年9月，随着德军在东线战场上节节胜利直逼莫斯科，丘吉尔口中的最大危机似乎已是迫在眉睫。在北方，纳粹德军重重包围了列宁格勒；南方集团军群则已经攻下了乌克兰首府基辅。高加索地区和那里蕴藏丰富的油田也几近被德军收入囊中。苏联红军的节节败退使得斯大林也陷入了恐慌之中。为了缓解苏联领导人的恐慌情绪，丘吉尔决定加大对苏联的援助力度。丘吉尔向斯大林承诺英国会尽快供应苏军所期望得到的战斗机和坦克的一半，其余的战略物资援助则由英国敦促美国尽早送达。

英国和苏联的联军占领了富油国伊朗，以确保苏联在战争时期的石油供应。另一条至关重要的运输线则是海上运输线。由英国至苏联北部唯一的一个天然不冻港——摩尔曼斯克的补给线也于1941

对页图：1941年8月29日，所有同盟国代表受邀前往伦敦的苏联驻英使馆。这是一个特别但很亲切的会议，面对共同的敌人，不同阵营的人联合起来，结成同盟。

年9月开通。英军船队冒着德国潜艇的封锁绞杀，顶着德国空军的狂轰滥炸，不顾极端严寒的恶劣环境，通过摩尔曼斯克向苏联运送了超过400万吨武器装备和其他补给物资。丘吉尔鼓舞斯大林说："我们将继续对德国人发动不间断的空中打击，并且保证制海权，从而确保盟国的战略安全。"

幸运的是，英国的情报工作人员始终保持着高效的工作状态，给战争的胜利保留了一丝希望。1941年9月和10月，从英军情报人员破译的德国密电得知，入侵苏联的德国空军此刻正面临巨大的补给问题，后续战斗难以为继。9月、10月的苏联，天气已经变得十分寒冷，冬季即将到来。德国闪电战发动的时机显得晚了一些，未能实现在冬季到来之前击败苏联的目标，此时的德军陷入进退不得的两难境地。

与此同时，丘吉尔也无时无刻不在寻觅战机，伺机发起进攻，挽回战场上的颓势。1941年10月底，丘吉尔制订了两个两栖登陆作战计划：一个计划是进攻挪威；另一个计划则是攻占地中海上的西

1941年8月24日，丘吉尔谈到被纳粹征服的土地和人民

"被征服的民族正罹受着深沉的苦难，我们必须让他们看到希望。我们必须明确地告诉这些苦难的人们，他们的忍受磨难和奋起抗争不是徒劳。不要绝望，勇敢的挪威人，我们不仅会扫清你们土地上的侵略者，也会扫清那些为虎作伥的爪牙；对自己充满信心，捷克人，你们为之奋斗的独立终将实现。波兰人，全世界都不会忘记你们，你们反抗侵略者的英雄气概，波兰人民的无畏勇气，你们的国家将会重生，在欧洲大陆获得一片自由平等的国度……坚忍不拔的荷兰人、比利时人、卢森堡人，以及被一些人抛弃的南斯拉夫人和被意大利小丑凌辱的有着光辉历史的希腊人，你们都不要屈服……我们不会后退一步！保持奋斗的信念，保持自由的希望，我们必将拯救你们。"

在1941年造访北美期间，丘吉尔在加拿大空军国防部长钱包尔斯（左）、中校威廉·麦克布莱恩（中）的陪同下参观了渥太华附近乌普兰机场的空军学校。自1939年11月开始，加拿大军方展开了帝国空军训练计划，为空军培养了大量合格的飞行员。

西里岛，以此为铺垫，让英军在北非战场上对隆美尔领导的德国非洲军团发起进攻。令丘吉尔大失所望的是，英国总参谋部否决了这两项计划，认为它们太过冒进，不切实际。根据战时内阁法规，首相无权推翻总参谋部做出的决议。丘吉尔感到十分挫败，对同侪感到失望，觉得他们太过保守，缺少搏一搏的勇气。丘吉尔在给儿子伦道夫·丘吉尔的信中写道："海军将领、陆军将领以及皇家空军将领们，脑子中始终只有稳妥一词，凡事都是'稳妥为先'。和他们共事，我只能压制脑袋中活跃的思想，克制我自己好斗的本能。"

第8章　全面战争

下页图：日军偷袭珍珠港。图中是一架在日军偷袭中损毁的美军飞机。日军偷袭展开时，美军飞机一架挨着一架停在跑道上，因此受损十分严重。

丘吉尔十分渴望能有一个志同道合的战友，可以分享他渴望发起进攻、全力以赴与敌军大战一场的想法。丘吉尔好斗的本能和冲动的性格使得他经常与保守谨慎的帝国总参谋长约翰·迪尔爵士发生冲突。久而久之，失去耐心的丘吉尔在1941年11月16日罢免了迪尔，任命阿兰·布鲁克将军为总参谋长。丘吉尔和新任的阿兰·布鲁克将军有一定的私交。在阿兰将军年少时，丘吉尔是他的两位兄长维克多和罗纳德的好友，如今这两位已经离世。11月18日，丘吉尔写信给阿兰·布鲁克将军：“罗尼和维克多是我刚刚参军时志同道合的密友，我们共同经历了早年的那些峥嵘岁月。我相信，这也会成为我们之间的纽带，使得我们可以携手并肩，同心协力面对即将到来的命运。”

全球的战争

令丘吉尔意想不到的是，注定要发生的大事件会来得如此迅速和突然。三周之后的1941年12月7日，在没有任何预兆和警报的情况下，日本对美国不宣而战，出动大批飞机空袭驻扎在夏威夷珍珠港的美国太平洋舰队。突如其来的打击使得美国人措手不及，在两小时的轰炸中美军太平洋舰队损失了5艘战列舰、187架飞机，人员伤亡超过2400人。罗斯福总统终于等来了可以名正言顺加入战争的契机，而日军偷袭珍珠港的这一天也被他称为“终将遗臭万年的一天”。次日，美国国会通过对日宣战的议案。当丘吉尔致电罗斯福总统询问战况时，罗斯福告诉他：“现在，我们坐在一条船上了。”

为了防止美国海军恢复力量，妨碍日本在太平洋的扩张计划，在偷袭珍珠港之后，日军紧接着便发起狂潮般的攻势，席卷了整个太平洋上几乎所有的敌对势力范围——包括美国领土，英国、法国以及荷兰的殖民地。早在1940年9月，日本便与德国和意大利结为轴心国集团，因此，在1941年12月11日，日本的盟友——德国和意大利同时对美宣战。见到这样的情况，丘吉尔的心情悲喜交加，十

1941年12月26日，美国参战后两周，丘吉尔在华盛顿美国国会会议上讲道："只要我们对坚持的事业抱有坚定的信念和不为所动的意志力，我们就能取得最后的胜利。"

分复杂。他在给克莱门汀的信中写道："我们必须对未来做一些坏的打算，因为我们将会面对日本的打击……我们新的战友美国的加入，则足以挽回在东线战场上所有的损失。东线战场上苏联遭受的打击非常严重，让人极难承受，即便在将来也很难恢复。"

12月美国对日宣战促成了罗斯福总统与丘吉尔之间的再一次会谈。经过十天的长途跋涉，英国首相温斯顿·丘吉尔和美国总统富兰克林·罗斯福再一次坐到了一起，这一次的地点则是华盛顿的白宫。丘吉尔对长久以来的防御作战感到十分厌倦，希望能够主动发起进攻，在敌占区进行登陆作战。罗斯福总统与丘吉尔达成一致，决定共同派兵对轴心国控制区进行登陆作战。英美两国都希望首次登陆作战能够轻松一些，因此登陆地区并未选在欧洲本土，而是选在防御相对薄弱的维希法国控制的北非地区。经过一番艰难的磋商和谈判，美国参谋部同意将战争的重心放在欧洲而不是亚洲。

四日之后的1941年12月26日，丘吉尔在房间里感到十分闷热，在试图打开窗户通风时，他的心脏病发作了。尽管病情很轻微，一般来说需要卧床静养至少六周时间，但是包括丘吉尔和他的私人医生查尔斯·威尔森在内所有人都知道，这对丘吉尔来说是不可能做到的。作为第二次世界大战的主要领导人之一，英国首相肩上的担子非常重，绝不能以心脏不好的病人形象出现在世人面前。有鉴于此，威尔森医生决定冒一次险，他向丘吉尔隐瞒了病情，告诉他只是患了慢性病，建议丘吉尔不要过度劳累。

死里逃生

尽管丘吉尔此时已经疲惫不堪，身体非常虚弱，他仍旧与美国人不懈地磋商着。丘吉尔拖着自己都不清楚的病体一直坚持工作着，直到1942年1月12日四方会谈顺利结束。会谈结束后，丘吉尔返回英国，他准备先飞到百慕大群岛，然后再乘坐轮船回去。在飞行过程中，丘吉尔对飞机的痴迷之情再次涌上心头，他问飞行员是否可以由他来驾驶飞机。在丘吉尔驾驶飞机飞行的短短20分钟时间内，他做了两次平顺的倾斜转弯动作，丘吉尔高超的飞行驾驶水准让飞行员们都赞叹不已。

百慕大群岛上，等着他的却是坏消息。英国在马来半岛上的殖

1941年9月9日，丘吉尔拒绝与德国人和谈

"我们在不久的将来，也许就会面对柏林的'和平攻势'……那些陷世界于泥潭的罪人们希望逃脱他们所处的窘境，希望带着此前得来的短暂的胜利和不义之财抽身而去，希望借此来保有这些短暂的战利品。我们最珍视的自由和胜利属于我们自己，属于我们的苏联盟友以及明确表示支持我们、给我们提供物资援助的美国政府和人民。无论胜利之路有多漫长，无论未来还要付出多么艰苦的努力，国王陛下和我们大不列颠政府绝对不会与希特勒的纳粹政权做任何媾和的交涉。"

1941年年底，丘吉尔参加了罗斯福总统和总统夫人爱莲娜·罗斯福在华盛顿举办的圣诞宴会。

民地——新加坡随时可能落入日本人手中。因此，丘吉尔取消了原来乘坐轮船返回英国的计划，改乘水上飞机回国。相比于轮船，水上飞机的速度要快上许多，3365英里（约5415千米）的航程只需要18小时。这次飞行计划差点让丘吉尔一行人遭遇灭顶之灾。丘吉尔一行乘坐水上飞机回国，目的地是英国南部的普利茅斯港，途中必须经过德国部署在法国北部的高射炮阵地。由于航线在德军的炮火覆盖范围之内，丘吉尔一行只好改变方向。然而，他们的飞机却被普利茅斯港的雷达当成是"敌军的轰炸机"。英军指挥官下令出动战斗机拦截，眼看丘吉尔一行就要遭受大难，被己方火力误伤，幸运的是，英军最终认出了他们的飞机。

　东南亚的战事让丘吉尔头痛不已。新加坡的局势岌岌可危，驻守在那儿的英军命悬一线，投降只是时间的问题。丘吉尔严令其不能投降。1942年1月20日，他向英国远东总司令阿西博尔德·韦维

下页图：丘吉尔在造访美国时穿的"连体服"（siren suit）引起了美国人民的浓厚兴趣。这种衣服设计简便，在听到空袭警报后一分钟内便能够穿好。

尔元帅发电报称："请告诉我，一旦你们撤退到新加坡，形势将会怎样？"在得知英军几乎没有采取像样的防御措施时，丘吉尔大发雷霆："在我看来，你们不修好新加坡的防御工事，就好比开着一艘没有底的船航行！要利用一切可能的屋子，务必要尽快修好陆上防御工事，新加坡必须成为堡垒，守军不能考虑投降，要誓死保卫新加坡。"丘吉尔已经对他的参谋们说过："指挥官和军官们要坚守职位，要有与阵地共存亡的决心，要有战斗到底的觉悟。"

最大的灾难

太平洋战场的局势依旧在恶化。虽然丘吉尔严令不准投降，但新加坡守军司令亚瑟·佩西瓦尔将军还是在1942年2月15日带领6.2万名英军、澳军和印军士兵向日军投降了。新加坡的沦陷无疑给了丘吉尔当头一棒。他回忆称："这是英国军队有史以来最大的灾难。"此时的他还没有从在华盛顿发作的那次心脏病中完全恢复过来，但仍拖着病躯以坚强、乐观的形象面对世人。他的压力实在是太大了。正如丘吉尔的战时地图室指挥官理查德·皮姆海军上校在1942年2月18日的日记中写到的那样："他告诉我们，他已经竭尽全力；但他也在非常认真地考虑将肩上的担子交给其他合适的人。"

丘吉尔的沮丧情绪很快消散了。2月24日，当他在议会被其他议员要求辞去兼任的国防大臣一职时，丘吉尔已经准备好了如往常一般气势汹汹、咄咄逼人的回应。他向下院演说道："虽然对于一些人而言，大难临头之际，他们会躲在一边明哲保身，让其他人来承受这无情而绵密的重击，但我不会，我不会允许自己做出这种懦夫般的举动。"

在议会之外，丘吉尔依然面临着沉重的压力。斯大林正急切

对页图：1942年7月2日，丘吉尔和女儿玛丽的合影。当天，英国议会下院有人组织投票反对丘吉尔领导英国人参战，但只有25名议员支持了这项动议。

地要求英美盟军发动对法国北部的登陆作战以减轻苏联红军所承受的重压。虽然此时的美国拥有首屈一指的工业实力，但其并未完成对战争的动员工作，仅能提供反攻欧陆所需的40%的人员和物资。此时英美盟军能够转移纳粹德国注意力并吸引其兵力的唯一手段便是对德国城市进行持续轰炸。丘吉尔并不认为战略轰炸会成为这场战争的决定性因素，但从1942年5月底英军集中兵力发起对科隆的"千机大轰炸"之后，战略轰炸的规模便开始逐步加码。虽然科隆大轰炸对地面造成了严重的破坏，但盟军轰炸机和空勤人员的损失也极其严重。在相继组织另外三次大规模空袭后，由于轰炸机部队的损失过大，"千机大轰炸"一度被叫停，直至1944年才恢复。

6月的第3周，丘吉尔飞往美国，在罗斯福位于纽约州海德公园的别墅内与他再度会面。罗斯福此次亲自驾车载着丘吉尔前往这栋精致的别墅，其间罗斯福独特的驾车方法给首相大人留下了非常深刻的印象。"罗斯福先生身体上的不便导致他不能用脚踩刹车、离

1942年7月25日，丘吉尔和几名美国外交官沿着泰晤士河旅行，其中有美国驻英国大使约翰·吉尔伯特·怀南特（左三）。1941年年底，在吃饭时，他们得知了日本偷袭珍珠港的消息。丘吉尔被激怒了，他要求英国外交部立即对日宣战。

合器和油门，"丘吉尔之后在回忆录中写道，"但他的专车上有一个非常精妙的装置，可以让他用他那灵巧而有力的双手来完成驾驶所需的任何动作。这真是令人惊叹。"不过这趟旅行同时还夹杂着一些惊险的因素，他接着写道："但我必须承认，在乘车期间，当车好几次在哈德孙河河岸边悬崖上的急转弯处突然减速而颠簸时，我由衷地希望这辆车的机械部件尤其是刹车运转良好，不要有任何差错。"

国内的批评

　　在海德公园的会谈成果丰硕，其中还包括一项美英分享原子弹技术并共同进行研制的秘密协定。同时，两国领导人还确定了美英联军将在维希政府控制的法属北非实施两栖登陆作战。丘吉尔在美国停留了五天后返回英国，回国前他向他的朋友哈利·霍普金斯承诺，整个计划将"万无一失"。但在7月2日，一名自由党议员莱斯利·霍尔-贝里沙对战时内阁在战争中的作为进行了尖锐抨击，并在下院发起了对现政府的谴责投票。"在过去的一百天里，"霍尔-贝里沙讲道，"不列颠帝国的远东领土丧失殆尽。那下一个

227

在1942年6月造访美国期间，丘吉尔前往南卡罗来纳州的杰克逊堡，观摩美国陆军伞兵部队演练。

一百天里我们还会失去什么？"

另一名批评者工党议员安奈林·毕凡则直指丘吉尔。"首相大人在议会辩论中连战连捷，但战场上却不断丧城失地，"他抱怨道，"现在国内已经有人说我们的首相把辩论当作战争一样咄咄逼人，但在作战时却如同进行辩论一样轻慢大意。"早在议会辩论开始前11天，隆美尔的非洲军团成功从英军手中夺取了托布鲁克，兵锋直指埃及首都开罗。在议会辩论中，丘吉尔决心为他所领导的政府在战争中的表现进行辩护。他在议会演讲中说："议会内部对政府的攻讦和谴责投票不仅能让反对派收获更多的信任，还会让所有英国的盟友和为了胜利而努力奋斗的忠实公仆们感到心寒。这刻薄的话语在我们誓要与之战斗到底的独裁者们耳中却会如银铃般悦耳。"

谴责投票理所当然地搁浅了，在仅收到25张赞成票的同时有475票反对。但在7月中旬，丘吉尔又接到了一个噩耗：代号PQ-17

的大型护航船队在经北大西洋前往摩尔曼斯克的途中遭到德军潜艇和鱼雷轰炸机的拦截，35艘货船中有24艘被击沉。这意味着1942年英国在北冰洋航线已经损失了60艘商船。损失是如此惨重，英国不得不取消了8月和9月的援苏护航船队。PQ-17的灾难同时使得英美盟军在北欧登陆的计划成为泡影。此时的斯大林心情沮丧，不仅是由于损失了援助物资，还因为德军最近突破了高加索地区的防御而深入俄罗斯南部，德军离蕴藏丰富的储油区只有咫尺之遥。

8月12日，丘吉尔经开罗飞赴莫斯科，与斯大林进行面对面的会谈。在这趟搭乘一架美制"解放者"轰炸机完成的长达10.5小时的飞行中，坐在非加压客舱内的丘吉尔佩戴了一个特别改装的氧气面罩，以便他在飞行的同时依旧能够享受雪茄。在莫斯科，丘吉尔

丘吉尔仔细观摩了杰克逊堡的美国陆军伞兵部队演练。第二次世界大战期间，空降兵作为一种新的登陆和奇袭手段，在欧洲和太平洋地区都有使用。

1942年8月，丘吉尔视察英军第8集团军在北非沙漠的防御工事。根据破译时德国情报信息，轴心国非洲军团很快就要发起攻势。

发现斯大林的情绪有些不稳定，在愤怒和沮丧间摇摆不定。丘吉尔小心地收敛起自己的脾气和尖锐的语气，成功化解了斯大林的敌意。这位苏维埃的最高领导人随后被丘吉尔"让轰炸机夷平德国城市里最后一根还立着的烟囱"的保证重新激起了斗志。

"（这次）会谈非常有成效，"丘吉尔后来回忆道，"此后盟国之间的气氛有了很大的缓解。"丘吉尔五天的莫斯科之行在斯大林亲自主持的一场晚宴结束后落下帷幕。虽然此次访问经历了许多令人神经绷紧的时刻，但会谈却有着重大的意义：斯大林同意为9月抵达摩尔曼斯克的护航船队提供远程空中掩护。加上强大的驱逐舰护航编队，到9月14日成功靠港时，此次援苏船队所损失的船只

1942年，丘吉尔在访问埃及和西部沙漠期间在位于开罗的英国大使馆会见了英国北非军团的主要指挥官以及中东战争委员会成员。

数量仅为此前的三分之一。

1942年秋天，丘吉尔终于瞧见了胜利的曙光。10月23日，一阵密集的炮火划过阿拉曼的夜空，这座亚历山大港以西50英里（约80千米）的埃及小镇见证了英军第8集团军的部队突破隆美尔的非洲军团的防御。11月4日，德军非洲军团终于全面向西撤退。丘吉尔命令全国的教堂鸣钟，告知英国国民胜利的消息。11月8日，"火炬"行动开始，英美联军登陆北非阿尔及利亚沿岸。11月10日，法属阿尔及利亚首府阿尔及尔向盟军投降；次日，北非维希法军与盟军停火。

局势逆转

在伦敦，丘吉尔在首相官邸举行的午餐会上宣布阿拉曼战役的捷报。"现在，我们迎来了一件新鲜事，那就是胜利。我们赢得了一场伟大的决定性胜利。明媚的阳光照到了我们正在前线奋战的战士们的头盔上，也映入了我们的心中，温暖而令人鼓舞。"

阿拉曼战役和"火炬"行动的胜利都不是孤立的。在这两个胜利之后，盟军在战场上艰难赢得的一连串胜利将为1940—1941年已经对未来丧失信心的民众们注入信心和勇气。1942年6月，在北太平洋中途岛附近的海面上，美国舰队第一次在海上运用舰载航空兵彻底击败日军舰队，4艘日军航空母舰被击沉——相当于日军全部航母战斗力的一半。日本海军在遭此重创后再未完全恢复过。

1942年年底，美英终于在大西洋之战中找到了对付德国U型潜艇的更好办法。更为快速的船队护航力量投入服役，反潜猎杀支援大队开始组建，其中包含的舰船和飞机均专用于探测、驱逐并摧毁德军潜艇。如"解放者"等型号的远程飞机开始接受改装，加装诸如高精度雷达、机载对海探照灯、机关炮和深水炸弹等专用反潜装备。

1943年1月底，被苏军包围在斯大林格勒的德军第6集团军残部在酷寒的严冬中与苏军激烈交战数月后终于投降。从此之后，德日两国再未能在战场上占得上风，战争的局势终于得到扭转。

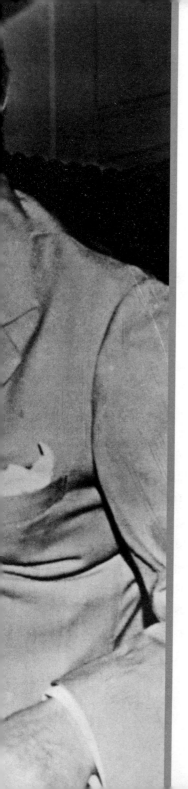

第**9**章

霸王行动

北非的战事于1943年结束，同年，盟军登陆西西里岛和意大利本土，墨索里尼政府垮台，意大利投降。英国首相温斯顿·丘吉尔、美国总统富兰克林·罗斯福以及东线战场苏联的领导人约瑟夫·斯大林进行了多次会谈，召开了一系列的会议，讨论如何对纳粹德国进行彻底的决定性的打击，并最终决定于1944年6月6日在诺曼底登陆，代号"霸王行动"。

1943年5月14日，英国本土防卫军（Home Guard）成立三周年纪念日当天，丘吉尔在华盛顿白宫就纪念日发表广播演说。

　　自1941年德国决定无限期推迟"海狮计划"后，丘吉尔一直以来就希望能够主动进攻阿道夫·希特勒控制下的欧洲大陆，在那里开辟新的战场。丘吉尔甚至在美国正式参战之前就希望能够发起登陆欧洲的作战行动。在丘吉尔的设想中，选一个风和日丽的日子，海面平静，最好的登陆地点便是与英国隔海相望的法国北部。然而当时的英国却缺乏最关键的执行登陆行动的兵力和足以运送大量登陆作战部队的舰船。美国在参战后，就开始动员准备对欧洲大陆的登陆作战，但在短时间内也无法实施如此巨大规模的登陆作战行动。1942年6月20日，罗斯福总统与丘吉尔首相在海德公园会面时，一致认为美军的战机和登陆舰艇数量太少，规模不够，无法在1943年年初发起他们此前所设想的跨海峡的登陆行动。

　　尽管英美两国对当时的己方兵力有一致的清晰判断，但美国总统罗斯福仍旧想于1942年9月在英国发起跨海登陆作战行动，目标选在英吉利海峡对岸的法国瑟堡海岸。1942年7月底，罗斯福派出一支代表团前往伦敦，由丘吉尔的老友哈利·霍普金斯率领，希望说服英国进行合作。但丘吉尔和英国参谋部商议后，彻底否决了美军的方案，英方认为一方面时机尚未成熟，另一方面美军的登陆计划准备严重不足，该计划在德军的反击下将会不可避免地惨败。

　　美国人勉强做出让步，撤回了原定登陆法国的作战计划。取而代之的是，盟军在地中海上发起进攻，登陆北非，这也是当时看来最有前景的进攻德国人和意大利人控制区域的行动。计划已定，英美军队便果断展开登陆北非的行动。1942年10月，英国第8集团军在埃及北部的阿拉曼取得胜利，迫使隆美尔率领的非洲军团向西撤退。1942年11月8日，盟军发起"火炬"行动，60500名盟军士兵登

1943年1月，丘吉尔和罗斯福在卡萨布兰卡会议上碰面。对于此次会面，丘吉尔评价道："认识富兰克林·罗斯福，就像是打开一瓶香槟；了解他，则如饮美酒。"

陆北非的法属摩洛哥和阿尔及利亚。盟军迅速击溃了维希法国军队的抵抗，取得了第一场收复战役的胜利。

北非的战局逐渐明朗，此时丘吉尔开始计划重拾此前的跨海登陆欧洲大陆的作战计划，并拟于1943年发起作战。但英军参谋部明确告诉丘吉尔，在他所想的时间点不可能展开如此规模的登陆作战行动：虽然美军在1942年年初就源源不断地派兵来到不列颠岛，但预计到那个时间点还不足以完成登陆作战的准备工作。英军参谋部还认为，法国北部海岸的铁路运输系统十分完善，如果在此处发起进攻，德国可以沿现有的铁路线派兵迅速增援，大大加强德军的大西洋沿岸防御力量，而这足以击退盟军的登陆行动。

第9章　霸王行动

英军参谋部所担心的状况在此前已经出现。1942年8月19日，一支6000余人的加拿大部队登陆法国的迪耶普。加军计划先建立一个稳固的滩头阵地，然后铺展开来占领迪耶普港口。然而不幸的是，初至战场的加拿大部队既没有丰富的经验，也没有足够的武器装备来执行设想的计划。在德军的猛烈反扑下，由于缺少适当的沟通和空中掩护，登陆的加军几乎全军覆没，战死、受伤或被俘的士兵占到全部登陆兵员的三分之二。

有了这样惨痛的教训作为前车之鉴，英军参谋部认为最好的登陆目标是欧洲南部的意大利，在那里打开缺口，作战部队则是此前已有登陆作战经验的北非盟军。盟军登陆意大利极有可能迫使意大利退出战争，亚平宁半岛战事平息，下一个目标就是巴尔干半岛。1943年1月14日，英国首相丘吉尔和美国总统罗斯福在北非法属摩洛哥的卡萨布兰卡会面，讨论了这个作战计划的可行性。

在卡萨布兰卡会议上，英美两国的首脑和各自的参谋长联席会议在部分作战问题上出现了一些分歧，但两国领导人罗斯福总统和丘吉尔首相在把轴心国作为作战目标这一主要议题上达成了一致。虽然马歇尔上将和其他部分美军高级将领青睐于直接登陆法国，但两国首脑都认为在1943年便实施跨越德军重兵防守的英吉利海峡登陆的计划不太现实，下一步作战计划应是打击在大西洋上肆虐的德国潜艇部队，荡平北非的纳粹势力，登陆西西里岛，进攻意大利。丘吉尔和罗斯福都同意在1944年年初出兵进攻法国，罗斯福总统还承诺截至1943年年底派出共93.8万人的美国军队来到英国，以准备登陆法国的军事行动。在卡萨布兰卡会议上，罗斯福和丘吉尔达成的最重要的协议便是，要将战争进行至敌方无条件投降为止，按照当前局势，先从意大利开始，接下来是德国，最后则是日本。

1943年1月23日会谈结束后，罗斯福和丘吉尔短暂地休息了一下，他们一起开车到马拉喀什内陆，在那里共同领略了北非的雄美风光。天空夕阳如血，阿特拉斯山脉如同屏风一般遮住部分阳光，余晖将整个天幕染成红色。丘吉尔将此处称为"世界上最可爱的地方"。流连于当时的美景，沉醉于难得的闲适，丘吉尔在马拉喀什度过了整整一个下午的时光。他用画笔记录了眼前的景色，这也是他在二战期间画的唯一一幅画。

病痛与恢复

马拉喀什之行是丘吉尔整个第二次世界大战期间难得的闲适片刻。卡萨布兰卡会议紧锣密鼓地进行了10天，接下来两周丘吉尔又马不停蹄地巡视了英军的中东部队，如此的劳累终于使得这位年近七旬的老人筋疲力尽。2月7日回到伦敦后，丘吉尔就感到身体不适，9天后得了肺炎。不顾身体的虚弱和病痛，丘吉尔一直坚持工作，顶着102华氏度（约38.8度）的高烧向国王写了一封7页的信，汇报在突尼斯的英美盟军战况。

1943年6月4日，在驱车前往华盛顿白宫的路上，丘吉尔和罗斯福为刚接到的捷报而庆祝，当时盟军与轴心国军队在北非的激战终于以盟军的胜利而告终。

丘吉尔此时的首要目标是尽快好起来，能够更好地工作。丘吉尔的护士多丽丝在日后回忆道："我被他超人的精力和热情震惊了，他克服病痛的决心真的让我赞叹不已……"

愤怒于盟友的推迟

1943年4月和5月期间北非的战局使得丘吉尔更渴望能够早日康复，摆脱病魔的困扰。尽管隆美尔率领着德国非洲兵团一直在努力守住自己的战线，但在蒙哥马利的指挥下，英美联军步步为营，稳扎稳打，层层推进。突尼斯的德、意军队节节败退，1943年5月12日，突尼斯战事结束，超过24万德国和意大利士兵成为俘虏。当天，丘吉尔正乘坐"玛丽王后"号战列舰前去和罗斯福总统会面，听闻这个消息，一下子变得兴高采烈。他下令英国所有的教堂都鸣钟示意，庆祝这样的大胜。此时，北非尽在盟军掌握之中，通往西西里的道路是一片坦途。按照卡萨布兰卡会议上英美两国的协定，下一阶段的目标则是登陆轴心国的本土，在意大利的西西里作战。

然而令丘吉尔感到意外的是，在这样的情况下，北非的盟军总司令，美军的艾森豪威尔将军并没有决定携大胜之威一鼓作气，进军西西里，而是宣布他希望将登陆西西里的作战计划推迟三到四个月。艾森豪威尔将军有他自己的考虑，当时德军派出2个师增援意

大利，进驻西西里，加上岛上原有的6个师的意大利守军，此时，西西里的守军兵力已经有8个师。英美联合作战指挥部向丘吉尔报告了艾森豪威尔将军的顾虑，然而丘吉尔却对推迟计划感到怒不可遏，并且丝毫不掩饰自己的愤怒。丘吉尔大发雷霆道："我相信参谋部不会接受如此懦弱的人的失败的建议，这个建议毫无可取之处……这样的行为只会让我们成为世人的笑料……"丘吉尔讽刺地说，如果区区2个德国师就吓得艾森豪威尔畏缩不前，那么面对着185个德国师的斯大林会怎样想，又会怎样评价我们？

英美联合参谋部也对艾森豪威尔推迟计划感到不满，下令登陆西西里的行动按原计划进行。1943年5月11日，丘吉尔乘坐"玛丽王后"号抵达纽约，同一天英美联合参谋部也向艾森豪威尔下达命令。丘吉尔和罗斯福在华盛顿会谈，决定对战略物资分配进行调整。为配合英美联军的登陆行动，苏联必须做出牺牲，下一支向摩尔曼斯克运送物资的船队被取消，转而去支援盟军的西西里登陆作战。

解放西西里

在1943年1月的卡萨布兰卡会议上，丘吉尔首相和罗斯福总统达成协议，决定在突尼斯战役结束后便实施西西里岛登陆作战，扫清地中海交通线上的障碍，迫使意大利投降。是年夏天，盟军在北非沿海港口集结了大量军队，准备执行西西里岛登陆作战计划，代号"哈士奇行动"（Operation Husky），登陆时间定为7月10日。

"哈士奇行动"行动当日，丘吉尔在家中和家人们共处了一天。日后，伦道夫的妻子帕梅拉回忆道："这真的是一个非常、非常紧张而又倍受煎熬的晚上……我们坐在一起玩牌，这是丘吉尔很

第 9 章 霸王行动

对页图：1943年9月的魁北克会议，加拿大总理麦肯齐·金（左边坐着的）、美国总统富兰克林·罗斯福（坐中间的）和温斯顿·丘吉尔坐在一起商讨任命反攻欧洲的盟军指挥官。丘吉尔想让布鲁克担任此职位，但罗斯福坚持认为，盟军司令应当为美国人。

喜欢的一种娱乐方式。这时，他的一名私人秘书推门进来，向丘吉尔汇报，海上起风了，风浪比较大，登陆行动不得不推迟，不知道什么时候才能进攻……我们坐下来继续玩牌，但所有人都心绪不宁，丘吉尔心不在焉地把玩着手中的牌，他突然说道，'今晚，不知道多少英勇男儿会战死沙场，这是一个很大的责任啊'。"在玩牌期间，丘吉尔时常感叹，感叹着国家的命运，感叹这些年轻士兵们的奉献和牺牲。早上4点的时候，前方终于传来消息，登陆作战打响。

西西里岛战役共持续了38天，盟军大获全胜。不仅在战术上打垮了德意守军，战略上也达成了击垮意大利纳粹政府的目标。1943年7月25日，统治意大利21年之久的独裁者贝尼托·墨索里尼下台。意大利陆军元帅巴多格里奥奉国王艾曼努尔三世之命出任总理组建了一个无党派政府，与盟军进行秘密联系，试探投降的可能

1943年1月30日，丘吉尔从开罗飞到土耳其，在阿达纳附近会见了土耳其总统伊斯梅特。丘吉尔确信他能说服土耳其人加入战争，对抗德国。但是，结果却并不尽如人意，丘吉尔竭尽全力，土耳其仍旧在二战中保持中立。

在1943年魁北克会议期间，丘吉尔走到哪里都会受到当地民众的热烈欢呼。对加拿大人来说，丘吉尔是一位为他们所珍视的民主和自由不懈奋斗的伟大人物。时至今日，丘吉尔的影响依旧十分深远。

性。艾森豪威尔将军对两个德国师兵力的担忧被证明是多虑了。8月17日，美英军队逼近西西里岛最东端的墨西拿，德意军队象征性地抵抗了一下便由墨西拿海峡仓皇逃往欧洲大陆。共有4万名德军和6万名意军士兵逃离，并带走47辆坦克、1万余辆车以及数千吨的战略物资。如同丘吉尔所担忧的一样，这次胜利代价高昂，盟军官兵伤亡人数超过2万，但取得了相当惊人的战果，1.2万名德军士兵和14.7万名意军士兵被打死或被俘。

前往魁北克

　　盟军在西西里岛的大获全胜使得丘吉尔暂时放下了对战事的忧虑，此时他的注意力转向了另外一个重要的问题：英国和美国之间日益紧张的关系。在第三次访美过程中，丘吉尔曾在美国众议院发表演说。他说："当我们一起沿着崎岖而又破碎的战争之路艰难地并肩跋涉时，总会有或多或少的龃龉、各种各样的分歧，以及一些难以避免的不快。"在首先点明英美两国的现状后，丘吉尔便用他长久以来的乐观精神来感染大家："这些都是细枝末节的问题，无碍于我们在并肩战斗中日渐增长的感情，不会扰乱我们共同奋斗的目标。这些问题是存在的，但只要我们能够耐心地坐在一起，开诚布公地谈论，推心置腹地磋商，这些问题都不会再成为问题。"

美国人觉得，在解放西西里岛之后，下一个目标是地中海上的另一个岛屿——撒丁岛。但丘吉尔不同意美国人的主张，觉得应该进军亚平宁半岛。美国外交部外交官奥利弗·哈维认为丘吉尔是担心美国人可能放弃进攻欧洲大陆的军事计划。奥利弗·哈维在日记中写道："丘吉尔担心美国人会就此停止进攻欧洲大陆的军事计划，转而将战略中心转向太平洋地区。"丘吉尔决定与罗斯福总统进行第四次会面。1943年8月5日，丘吉尔在克莱门汀的陪伴下，再次踏上"玛丽王后"号，前往加拿大的魁北克。在乘船前往魁北克的途中，丘吉尔还想到了继续拉拢斯大林的方法：他打算送给斯大林一台"精巧的小玩意儿"——立体观测仪，通过这台仪器，苏联领导人便能从航拍照片上看到高度还原的，遭受英军轰炸的德国城

1943年2月3日，丘吉尔在利比亚的的黎波里发表广播讲话，赞扬了英国的"沙漠集团军"

"我可以肯定地告诉你们，在场的所有士兵和飞行员们，我们的同胞对你们的联合行动感到非常钦佩和感激。在战争结束后，当我们被问到在战争中做过什么时，最骄傲的回答便是：'我在沙漠军团战斗过！'当战争尘埃落定，当这里的一切成为历史，你们的丰功伟绩将会永远在史册上闪耀。今天在场的人们即使在死后很久，生前的这些事迹依然将是赞歌和故事的素材，不断地被传唱铭记。"

1943年6月30日，丘吉尔荣膺"伦敦金融城荣誉市民"表彰，这个奖项往往授予那些拥有过人之处的人。庆祝途中，丘吉尔和家人一起坐着敞篷马车穿过伦敦金融城市区。

市的3D立体图像。

　　此次会议在加拿大魁北克市的星形碉堡要塞和芳缇娜堡酒店举行，主要与会人员有英国首相丘吉尔、美国总统罗斯福和加拿大总理威廉·金。魁北克会议只商讨了短短的两天，却确立了明确的未来作战计划。会议决定将于1944年5月开展登陆法国的作战行动，以此来打开直接进攻纳粹德国本土的通道。盟军还决定在登陆法国北部之前，在法国南部的里维埃拉地区展开一系列声东击西的登陆行动，以此吸引德军注意力，减少真正登陆法国北部时德军在英吉利海峡上的防御力量。针对意大利的军事行动的重要性降了一些，登陆法国的作战计划要比地中海计划占有优先地位：盟军在意大利的主要作战目标是占领首都罗马，向北则最多推进至距离罗马286

下页图：1943年5月19日，在美国国会联席会议上，丘吉尔发表了鼓舞人心的讲话，敦促美国盟友保持坚定的信念。

英里（460千米）处的托斯卡纳地区的比萨；此后，盟军保持意大利境内的原有兵力以牵制德军。在太平洋和东南亚地区，盟军则决定在击败纳粹德国后一年内迫使日本政府无条件投降。

短暂的休憩

1943年8月24日，魁北克会议结束，丘吉尔已经精疲力竭。会议结束后，丘吉尔在劳伦斯山脉中静静地度过了几天安宁舒适的日子，每天只是钓钓鱼休憩一下。劳伦斯山脉风光宜人，临近北极圈，是欣赏极光的理想之地。

到了晚上，丘吉尔和私人医生一起来到河岸码头，凝视着夜空中奇美绚丽的景象。光芒在夜幕中闪耀铺展，散发出迷人的色彩；曲线在天际漫卷舒张，勾勒出醉人的轮廓，让人心旌为之动摇。丘吉尔对随行的私人医生说道："眼前的美景，以及这几天宁静的生活让我身体放松下来，但我的心里却并不轻松，感觉自己好像逃学一样。"

1943年5月19日，丘吉尔在华盛顿美国国会联席会议上的演说

"我们已经克服了许多困难，解决了很多的危险，但始终有一种危险伴随着我们：我们不能拖延战争。如果战争延续四五年时间，谁也无法预料会出现什么样的复杂情况和棘手的事情。德国和日本目前的希望就是不惜一切代价拖延战争，直到民主国家疲惫、厌倦甚至分裂。我们必须击碎敌人这样的希望，正如我们此前击碎的他们别的希望一样。因此，我们必须提防任何别的想法，无论那样的想法是多么的诱人……坚持既定的目标，发扬我们业已表现出的坚忍不拔精神——如此，我们才能也一定能担负起世界的未来和人类的命运。"

在1943年的德黑兰会议上，斯大林可谓是志得意满。在这次会议上，斯大林成功否决了丘吉尔的通过南斯拉夫反攻欧洲大陆的计划。

丘吉尔回到英国后的一个月内，有许许多多的事情让他忙得焦头烂额。1943年9月3日，意大利代表和盟军代表秘密签订了停战协定。当天凌晨，英国第8集团军从西西里岛度过墨西拿海峡，登陆亚平宁半岛，向意大利南部快速挺进。1943年9月8日，盟军司令艾森豪威尔将军和意大利总理巴多格里奥分别广播停战宣言，但意大利境内的德国军队仍在负隅顽抗。1943年9月9日凌晨，美国第5集团军在萨诺勒湾登陆，同一天，意大利境内的德军将80多万的意大利军队解除武装，并于9月10日占领罗马，控制了向南一直到那不勒斯的大片意大利领土。1943年10月1日，美军第5集团军占领了那不勒斯，同一天，蒙哥马利率领的英军第8集团军占领了福贾。随后，地中海上的科西嘉岛和撒丁岛在象征性地抵抗了一下后，便都投降了。

在大西洋上，德国的U型潜艇装备了一种新的声呐系统，这种声呐通过轮船的发动机或者螺旋桨的声音来锁定目标。但这一新式装备的应用却为时已晚，不足以扭转大西洋战场上的战略态势。到

1943年年底，大西洋上的主动权已彻底落入英美联军手中。东线战场上，在苏联的库尔斯克地区，苏德双方爆发了有史以来最大规模的一场坦克大会战，此役以苏联红军胜利告终。库尔斯克会战结束后，苏联红军的反攻之路一片坦途，德军根本无力组织起有效的防御力量来阻挡苏联红军向柏林推进的步伐。

在全球范围内盟军战局均呈有利态势，丘吉尔于是在心里谋划一个具体的战役来逐步扫清盟军胜利之路上的障碍。这一次，丘吉尔的目标选择了爱琴海上的罗兹岛。罗兹岛自1912年被意大利占领，如今仍在德国人的控制当中。德军借此作为基地，足以威胁盟军进攻亚平宁半岛的行动。丘吉尔对自己的计划感到非常满意，却在不知不觉中忽视了一些其他本该更为优先的选择。

罗德岛

这一次，阿兰·布鲁克对丘吉尔的行为感到非常恼火，并在自

1943年1月，苏联红军在斯大林格勒战役中取得胜利，一举扭转了东线战场的战略形势。在德黑兰会议上，为了庆祝这次意义深远的胜利，丘吉尔向斯大林赠送荣誉之剑。

己的日记中抱怨道："我根本控制不了他，他完全陷入了自以为是的兴奋当中，根本听取不了任何意见。他沉浸在进攻罗德岛的计划当中，完全夸大了占领罗德岛的重要性，全然不顾这一行动会打乱英美两国已经达成的战略部署。他的眼中看不到别的问题，甚至看不到为了占领区区一座海岛，会危及和美国盟友之间的关系，甚至直接影响到下一步在意大利的作战行动……丘吉尔听不进去劝告，也看不到这样的危险。"

阿兰·布鲁克不赞同进攻罗兹岛，美国总统罗斯福对丘吉尔的这项计划也持反对意见。丘吉尔变得很沮丧，甚至一反常态地说了一些丧气的话。丘吉尔告诉他的私人秘书玛丽安·福尔摩斯："现在，难的不是去打赢这场战争，而是说服别人让我们一起去赢得战斗。"罗斯福总统不为所动，他觉得丘吉尔进攻罗德岛的计划有悖于此前魁北克会议中英美双方曾缔结的战略作战安排。罗斯福总统给丘吉尔发了一封电报，坚持认为盟军此时的首要作战目标为意大利战役，并为将来登陆法国的"霸王行动"做准备，现阶段不应该也不能够分兵顾及其他。

一个奇怪的人

苏联领导人约瑟夫·斯大林对"霸王行动"也有着自己的考虑，他很希望在欧洲大陆开辟第二战场，以分散东线战场上苏军的压力。1943年11月，美国总统罗斯福、英国首相丘吉尔和苏联领导人斯大林在伊朗首都德黑兰会晤。这是第二次世界大战爆发以来，美、英、苏三国领导人——报纸上将其称为"三巨头"的首次会晤"。

德黑兰会议有两大议题，开辟第二战场是其中之一，另一个关键问题便是于何处开辟第二战场。三巨头关于开辟第二战场意见一致，但在何处开辟却有各自的想法。丘吉尔认为应当从巴尔干半岛的南斯拉夫开辟第二战场，斯大林则认为丘吉尔此举是从英国的自身利益出发，想抢在苏联红军到达维也纳和贝尔格莱德之前，控制奥地利和南斯拉夫。斯大林坚决反对丘吉尔的计划，罗斯福总统也对此持有异议。在罗斯福总统幕僚的劝说之下，美方赞成盟军登陆法国西北部的作战计划。美国和苏联都同意从西线开始进攻德军，双方也协定登陆法国的日期在1944年5月。丘吉尔的提议并未得到美苏两国的支持，斯大林几乎挟持了美国总统罗斯福。斯大林的强势在会议开始之前就可见端倪：他以保护安全为由，坚持要远渡重洋抱病而来的罗斯福总统住进苏联领事馆，而不是住在英国领事馆。如此一来，丘吉尔和罗斯福之间的有效沟通便大大减少。在整个德黑兰会议期间，斯大林和罗斯福好几次在丘吉尔没有在场的情况下进行磋商。此外，罗斯福总统为了防止斯大林产生英美两国联合起来对付苏联的误会，还拒绝了丘吉尔提出的午餐会邀请。罗斯福在拒绝了丘吉尔的当天下午，又一次与斯大林在没有丘吉尔在场的情况下进行会谈。

丘吉尔在德黑兰度过了他的69岁生日。生日当晚，丘吉尔举办晚宴宴请各国政要，席间他喝醉了。丘吉尔为了让斯大林开心，主动举杯说道："让我们为无产阶级群众干杯！"

1943年9月6日，丘吉尔在哈佛大学针对美国的孤立主义发表的演说

"在我的生命中，命运的力量曾使我两次跨越重洋，将美利坚合众国拉入生死搏斗中去。尽管你们宣扬'我们不要战争，我们不要打仗，我们的祖先就是为了躲避战争才来到这里；我们已经建立了与旧世界井水不犯河水相安无事的新世界'，但这些都无济于事。命运的力量迅猛无情，所有人的生活、环境和观念都将在这样的力量下发生不可逆转的改变……成为伟大民族的代价便是责任。如果美利坚合众国的人民仍旧专注于自身的事务，不去介入这个世界正在发生的巨大动荡，那他们很可能将会继续被世界遗忘在保护他们的大洋之侧。而如果这个身处文明世界的国家因各种各样的原因不能站出来面对挑战，那美国将无法在苦难中觉醒，绽放出属于自己的民族精神。"

尽管英、美、苏三国之间或多或少存在着猜疑和分歧，三巨头还是就关键的问题——纳粹德国的最终命运——达成了一致。纳粹德国将被彻底消灭，战败后的德国领土将被分割为五个小的自治州。丘吉尔特别提出，普鲁士这个德意志第三帝国军国主义的核心应该被孤立起来。12月2日，丘吉尔离开德黑兰，前往开罗，在那里，英、美、中三国将就太平洋战争和东南亚地区同日本作战问题进行磋商。这段时间内丘吉尔饱受舟车劳顿之苦，却不得不打起精神去参加会议与各方周旋，协商战争计划。开罗会议中，除了商讨对日作战问题，还讨论了为南斯拉夫、希腊和阿尔巴尼亚的反纳粹游击队武装提供援助的问题。1943年12月10日，丘吉尔又来到了突尼斯的迦太基，超过八小时的飞行，使得他感到非常不适。

身体欠佳

布鲁克在日记中写道："人们把丘吉尔从飞机上抬了下来，他坐在自己的手提箱上，清晨的冷风中，丘吉尔让人真真切切地感觉到他已经是个老人了。"丘吉尔再一次患上肺炎，这一次更加不幸的是，12月15日，他的心脏病又犯了。所幸同第一次一样，此次的心脏病病情并不严重，但在两天后又发作了一次。克莱门汀飞到迦太基陪伴丈夫，希望丘吉尔的病情能够尽快好转。在给女儿玛丽的信中克莱门汀写道："你爸爸现在非常沮丧，因为他得知了自己不能在几天内很快的好起来，这样的心情让他的日子过得非常苦闷单调。"

1943年11月，丘吉尔和罗斯福在开罗会见了中国战区盟军总司令蒋介石及其人宋美龄。自1937年7月7日中日战争全面爆发以来，中国一直处于战争状态。中国对于反法西斯战争的贡献虽不容忽视，但事实上，腐败和通货膨胀已经严重削弱了蒋介石领导的国民政府的影响力。

在养病期间，丘吉尔还多次与美军艾森豪威尔将军及其副手、英军将领哈德罗·亚历山大爵士一起召开床边会议。他们三人讨论了即将在安奇奥进行的登陆作战。安奇奥距离意大利首都罗马仅仅33英里（53千米），盟军登陆安奇奥便可以迅速对罗马实施致命打击。圣诞节前后，丘吉尔开始参加公众活动，完全不遵医嘱。丘吉尔的首席私人秘书约翰·马丁写道："医生们完全控制不了丘吉尔的行动……现在，他又开始雪茄不离口了。"在这段时间内，时任北非事务大臣、后来出任英国首相的哈罗德·麦克米兰前来拜访丘吉尔。麦克米兰在他的日记中写道："他拉着我的手，像个父亲那般慈祥地说：'在我离开非洲前再来看看我……'丘吉尔真的是个了不起的人物。尽管他有着固执和一些令人讨厌的缺点，但整个英国，没有人像他一样伟大。"

大病初愈

丘吉尔的意志力和身体恢复能力再次让人震惊，短暂的休养很快让他重新变得神采奕奕。丘吉尔乘坐飞机飞往马拉喀什，当飞机为了穿越山区而爬升至3000米的高空时，丘吉尔不得不戴上氧气面罩。1943年的最后一天，艾森豪威尔将军和英军指挥官伯纳德·蒙哥马利将军也来到马拉喀什，同丘吉尔商讨"霸王行动"作战计划。

马拉喀什此行，丘吉尔有克莱门汀随身陪伴着。在1944年元旦这天，丘吉尔来到克莱门汀房中，兴高采烈地对她说："告诉你一个好消息，我感觉棒极了，身体完全康复了。"为了证明这一点，丘吉尔带着她和蒙哥马利将军一起，驱车两小时来到阿特拉斯山，并在山谷中吃了一顿野餐。

1944年1月18日，丘吉尔返回伦敦，当天便在下议院向议员们报告了战况，同战时内阁成员举行会议，并在白金汉宫与国王共进午餐。丘吉尔这时已经70高龄，但他似乎有着用不完的充沛精力，并且经常调整他自己的工作时间处理各种关系重大、纷繁复杂的问题。不过在这个月尚未结束时，另一场危机已经悄然降临。安齐奥登陆在发起6日后因德军的顽强抵抗而濒临失败。

　　1944年1月22日，盟军两个师的兵力约3.6万人从那不勒斯起航，前往安奇奥。初时，由于德军并未意识到盟军会在此处登陆作战，海岸防守力量极为薄弱，盟军很快便站稳脚跟，建立了牢固的滩头阵地。但盟军指挥官卢卡斯将军并未抓住这样的机会向腹地推进，使得德军闻讯得以迅速组织反扑，在接下来的六天时间内，登陆盟军和德军展开了激烈交战。丘吉尔原本形容此次的安奇奥登陆行动"就像一只爪牙锋利的野猫，撕开德军柔软的腹部，直击敌军心脏"，而如今看来，安奇奥滩头的盟军登陆部队，却好似"一条搁浅的大鲸鱼，在泥泞的滩头进退不得，挣扎求生"。

1943年，丘吉尔和其他盟军将领测试美军装备的新式步枪的威力。德怀特·D.艾森豪威尔将军（左）一直从事文职工作，从未直接参与过战斗。但奥马尔·布雷德利（右）中将在这次试射中百发百中，这要得益于他常随着父亲一起打猎。

经过四个月的激战，到了1944年5月13日，"古斯塔夫"防线正面的盟军终于攻克防线的核心要地——卡西诺峰，德军开始全线后撤。盟军乘势进军，试图与安奇奥滩头的登陆部队汇合。德军指挥官凯塞琳元帅决定不惜一切代价阻挡正面盟军与安奇奥的友军汇合，他在利里河和萨克河交汇处建立防御阵地，阻挡盟军。5月26日，"古斯塔夫"防线正面的盟军与安奇奥登陆部队汇合。6月2日，凯塞琳元帅命令德军撤出罗马，并宣布罗马为不设防城市。6月4日，盟军部队兵不血刃地占领了意大利首都罗马。

1944年，随着既定日期的逐渐临近，"霸王行动"日益成为丘吉尔工作的重心。他定期与西线盟军最高指挥官艾森豪威尔将军会面，并与内阁的"霸王行动"军事委员会成员每周召开会议。英军作战参谋部的哈廷斯·伊斯梅将军这样描述首相大人的会议安排和内容："他坐在主席位上，以无比炽热的态度和无可争议的权威领导着我们……他会大骂那些懒惰和不思进取的人以示惩戒，他会着手解决团队间的竞争与分歧，他会安排事情的优先顺序，他会解决出现的问题，定下下一步的计划，并敦促我们来完成计划……"

"霸王行动"中事无巨细，丘吉尔都了然于胸——滩头登陆作战时的海军支援和滑翔机攻击，空中支援和物资运送都一一安排到位。在诺曼底登陆前的几个月时间，堪称丘吉尔工作中最累的一段日子。令丘吉尔更为紧张的是，英国情报部门报告说，根据密报显示，德国人正在准备使用一种新式武器——火箭飞弹（导弹）——来袭击英国。

迫在眉睫的威胁

1944年3月26日，丘吉尔发表广播讲话，含蓄地向民众表示将会登陆法国进行作战，同时他也直接告诉英国人民要警惕即将到来的威胁："我们付出了最大的努力，最振奋人心的行动即将展开。我们和盟友们相互扶持，携手并进。我们的士兵们、水兵们、飞行员们，都要紧盯着面前的敌人。对于我们所有人来说，打开那扇胜利的大门才能找到唯一的回家的路……此时此刻，我也必须提醒大家，敌人不会轻易放弃，他们会负隅顽抗，他们也会用新的方式来攻击我们，来打击我们……伟大的大不列颠能够承受这样的打击，我们的祖国从来没有退缩和失败。敌人的进攻也会点燃我们复仇的火焰，我们的人民会全力以赴，打倒这样残忍的暴政，粉碎这一切阻止人类进步的障碍……"

丘吉尔的广播讲话一如既往的威严和令人振奋，但听众们却听出了深深的疲惫。当时，一名出版商哈罗德·尼克尔森在自己的日记中写道："人们似乎觉得温斯顿·丘吉尔的广播讲话……好像是疲倦的、脾气暴躁的老人在那里讲话。"

布鲁克将军几乎天天都能见到丘吉尔，他渐渐开始担心首相的状态："我很担心丘吉尔能够将自己的工作生活状态保持多久……

1944年1月13日，丘吉尔在马拉喀什会见了戴高乐将军。经过一番诚挚又非常困难的长谈，丘吉尔最终说服了戴高乐将军，不再追究那些曾支持维希政权的法属摩洛哥政要。

他现在每天很难集中精力坐下来一段时间，总是在不断地徘徊……精力看起来似乎也有些不济。"尽管如此，布鲁克将军也承认："丘吉尔始终不认为自己老了。"丘吉尔从未缺席过任何关于"霸王行动"的会议，也经常与英、美主要将领长时间地磋商。丘吉尔担心在诺曼底登陆前同盟国空军破坏法国铁路交通网的空袭会造成大量法国平民的伤亡，担心在意大利的战事迟迟打不开局面，他还担心来自苏联的威胁。种种迹象表明，苏联领导人斯大林将在东欧地区传播共产主义。1944年春天，当苏联红军挺进罗马尼亚时，他们在逮捕法西斯分子的同时，也大肆逮捕反共产主义人士。对此，丘吉尔对安东尼·艾登说道："永远不要忘记，布尔什维克是鳄鱼。"

关注天气

"霸王行动"的开展日期，也就是大名鼎鼎的"D日"，这个日期最初定在1944年5月，但由于各种情况，最后推迟了。1944年6月4日晚，丘吉尔抵达伦敦。当天，盟军在意大利境内推进得十分顺利。闻此喜讯，丘吉尔兴奋异常。晚上10点半的时候，丘吉尔叫来了他的私人秘书玛丽安·福尔摩斯，他一直工作到翌日凌晨3点45分，终于安排妥当在诺曼底登陆的"霸王行动"。丘吉尔在焦急中等待着"D日"的到来，另一方面，意大利又传来一个好的消息，盟军解放了罗马。进入罗马的盟军士兵受到罗马市民的夹道欢迎。

英吉利海峡的天气非常多变，6月5日这一天，英吉利海峡狂风肆虐，暴雨倾盆；无奈之下，盟军总指挥艾森豪威尔将军决定将登陆行动推迟一天。促使艾森豪威尔将军做出这个决定的另一个重要原因便是，德国人觉得在未来的四到五天内，天气都不会放晴。有可靠情报证实，德军大西洋壁垒的指挥官隆美尔元帅此时不在法国前线，而是休假回到了德国。

当天晚上，丘吉尔和克莱门汀一起来到作战地图室。克莱门汀对丘吉尔说："我能深切地体会，在这个前途未卜的时刻你的痛苦和担忧。"丘吉尔仔细研究着德军在诺曼底的军队部署，以及盟军的应对措施。在研究了一会儿后，丘吉尔转头对克莱门汀说道："你知道吗？当我们明天早上醒来的时候，在海峡的对岸，可能有2万多名大好男儿将长眠在那里，再也无法醒来……"

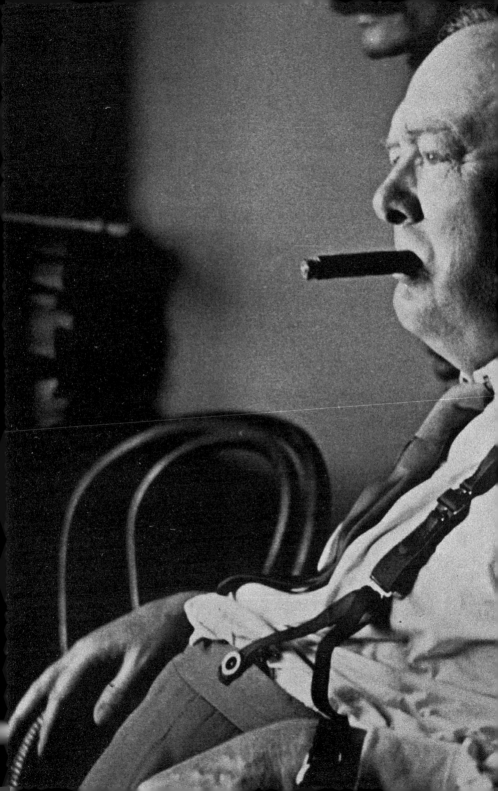

第**10**章

胜利之路

整个1944年，丘吉尔亲眼见证了盟军在法国、意大利、德国莱茵河岸边的胜利。与此同时，英国也面临着德国V-1、V-2飞弹的威胁。除此之外，丘吉尔最为担心的是欧洲大陆将会陷入苏联人的统治。不管怎样，丘吉尔终于等来了期待已久的那一刻，1945年春天，漫漫长夜终将破晓，第二次世界大战快要结束了。

1944年8月，丘吉尔视察了刚刚解放的意大利和法国，停留在意大利的佛罗伦萨。8月10日，德军刚刚从这座城市撤离。

　　6月6日凌晨，在短暂的休憩之后，丘吉尔再次回到作战地图室，伴随着英吉利海峡对岸进攻号角的吹响，前线的战报和数据都不断发到首相面前。登陆之初，战事进行顺利，前线发回的战报让人为之振奋鼓舞。中午时分，丘吉尔自信满满地在下议院发表演说："我要告诉在座诸位，在昨夜和今日凌晨，登陆欧洲大陆的第一支舰队已经出发，这是我们一系列大规模登陆行动中的第一个……我们这支拥有4000艘以上舰船的舰队已经渡过海峡，在敌人背后，我们也展开了密集的空降作战……到目前为止，对岸的炮火逐渐偃旗息鼓……前线的捷报还在不断传来……毫无疑问的是，这次的行动无疑是迄今为止最为巨大也最复杂困难的军事行动……"

　　"D日"登陆行动的顺利，以及随后向法国腹地渗透的迅速使得英国民众信心大大高涨，他们都以为接下来的战斗会是摧枯拉朽般的胜利，纳粹德国很快就会崩塌。然而，他们错了，他们没有想到，为了这最终的胜利，他们还要在鲜血、死亡以及艰苦卓绝的战斗中等待一年。

　　六天后，丘吉尔乘坐驱逐舰越过海峡，亲自视察了诺曼底的滩头。在这短短一天的时间里，丘吉尔见到了许多以往战争中都不曾出现也无法企及的惨烈战斗。他看到德国空军片刻不停地发动空袭，看到穿梭不停的登陆舰艇卸下卡车、坦克和大炮，他看到英国皇家海军的战舰炮击德军阵地。在这片海岸上，双方都舍生忘死地搏杀，弹落如雨，遮天蔽日。

对页图：丘吉尔在意大利期间，还视察了英军第4女王骠骑兵团（他曾在该团服役过），该团装备了"袋鼠"装甲车，这种装甲车由"谢尔曼"坦克去掉炮塔改装而来，可以搭载步兵作战。

在乘坐的驱逐舰准备掉头返航之际，丘吉尔问随行的海军上将飞利浦·维安爵士："既然我们身在战场之中，何不自己也出手，痛击敌军一次？"尽管当时他们的船只也在敌军的火力范围之内，随时可能遭遇反击，但维安将军答应了丘吉尔的要求。随后，丘吉尔赞扬道："这是我第一次在甲板上亲眼看到战舰主炮的怒吼，我很欣赏维安将军的冒险精神。"

伦敦遭袭

当天晚上，丘吉尔和克莱门汀以及玛丽共进晚餐，他得到消息称德国人随时准备用那令人恐惧的飞弹袭击英国。德国人火箭动力的"复仇武器1型"——V-1"飞行炸弹"，已经在法国部署完

毕。袭击的头天晚上，4枚V-1飞弹发着特有的低沉的嗡嗡声袭击了伦敦。V-1飞弹是纳粹德国的新式武器，发射后，由自动驾驶装置控制向预定方向飞行。根据射程计数装置计算，飞弹到达目标上空后，阻流板打开，飞弹减速并俯冲奔向目标，直到最后触发战斗部并摧毁目标。当天晚上，2名伦敦市民在袭击中遇难。接下来的夜里，德军向伦敦发射了50枚V-1飞弹，丘吉尔和他的两位私人秘书，查理斯·多德和约翰·派克，不顾自身安危，来到掩体外面查看情况。随后，丘吉尔给斯大林发了一封看似漫不经心的电报，上面写道："我们度过了一个嘈杂喧嚣的夜晚。"

1944年6月6日，盟军在诺曼底登陆，这是最大规模的一次登陆行动。登陆第一天，盟军就投入了超过5000艘各式船只。

268

温斯顿·丘吉尔——一位政治家的成长

英国人很快组织防御。英勇的英国皇家空军和地面防空炮火配合起来，拦截伦敦上空的飞弹。起初，盟军战斗机飞行员们采用常规的尾追战术，让飞弹超过飞机，然后在后方将其摧毁。随后，盟军飞行员发现了更为有效的拦截方法，即用飞机的尾流来干扰飞弹的飞行，使其失去平衡，或者干脆用机翼来挑翻飞弹。英军将士在不懈努力下，成功拦截了德国在第一周中对伦敦发射的700枚V-1飞弹中的200多枚，但是仍有526名市民在袭击中丧生。丘吉尔把此事视为德国人对英国的挑衅。时任英国第一海务大臣的安德鲁·布朗·坎宁安元帅在日记中记录了首相丘吉尔在内阁紧急会议上的表现："首相在会议上的态度非常坚决，说道：'这件事必须坚决予以解决，必须给民众以交代。大英帝国的子民们还在欧洲大陆浴血奋战，我们不能让他们后方的家人遭遇这样的威胁！'"

丘吉尔随后设想了多种方法以掐断纳粹的导弹生产，其中不乏一些匪夷所思的想法——甚至是动用化学武器芥子气。他在写给参谋长联席会议的一封短信中提到："我们可以向鲁尔以及其他德国城市投掷毒气弹，使得城市内的工人需要持续的医疗照顾，失去工

1944年9月28日，诺曼底登陆后丘吉尔在议会下院的演说

"自夏天到现在刚刚过去了七周，但就在这短短的七周时间内，欧洲大陆的战争面貌发生了翻天覆地的变化。几个星期前，我们上次分别时，英美两国的部队仍被困在从瑟堡半岛到卡昂的道路之间的桥头堡和狭窄的海岸地带内，还在和德国守军做着殊死搏斗。西线的德军还心存幻想，企图阻止我们在法国的进展。然而，就是在这样一段时间内，我们看到了多大的变化！不仅是巴黎，整个法国都像变魔术一般飞速地解放。比利时脱离了纳粹的魔爪，荷兰的一部分也重获自由，残酷地压榨这些国家长达四年之久的纳粹德军，已经仓皇逃窜……"

1944年6月12日，诺曼底登陆开始后第六天，丘吉尔乘船横渡英吉利海峡，亲眼察看海峡对岸的状况。此前，他曾想去看看诺曼底登陆的战况，被英国国王乔治六世劝阻。

作能力，从而从源头上中止纳粹的导弹袭击。"参谋长联席会议直接的回绝了丘吉尔的提议。他们告诉丘吉尔，毒气不仅是一种效率低下的武器，而且难以控制，不可能实现他所预想的效果。

"龙骑兵"行动

德国人使用V-1飞弹攻击英国本土的行为并未持续很久，仅仅过了两个多月，到1944年8月底，这种攻击便停止了。取而代之的是，德军开始攻击一些更有价值的战略要地，比如比利时的安特卫普港，这座城市于1944年9月4日刚刚被英军解放。德军的V-1飞弹袭击并未取得预期的战果。随后，在9月8日，德军换上了另外一种更为先进也更强大的武器——V-2飞弹。这是一种全新的远程打击武器，由于它是从大气层外俯冲命中目标，所以对防御方来说根

第10章 胜利之路

269

本无时间预警和进行拦截。V-2飞弹是一种全新的武器，可以被看作日后弹道导弹的雏形。V-2飞弹对英国的打击持续了6个月，造成2754名英国人民死亡，其中超过80%是伦敦市民。

1944年8月15日，盟军部队发起"龙骑兵"行动，在法国南部的圣特洛佩登陆，原计划借此分散德国人在诺曼底的防御力量。但由于实施时间被推迟了两个多月，"龙骑兵"行动失去了原本的作战意义。法国境内的德国军队在北部诺曼底地区的鏖战使得他们自己分身乏术，根本无暇分兵顾及在南部发生的战事。防守在法国南部里维拉的是德国战斗力较差的第十九集团军，他们深陷于镇压法国抵抗运动当中，因此，面对到来的同盟国大军，他们迅速投

1944年7月22日，盟军攻占法国卡昂9天后，丘吉尔在蒙哥马利将军（右二）和加拿大盖伊·西蒙斯将军（左）的陪同下视察诺曼底。卡昂已经被德国人建造成一座要塞，在纳粹德国的防御体系中占据重要位置。卡昂位居要冲，控制着一条重要的铁路和一个连通十二条主要道路的交通枢纽。

降了。

在仅仅过了4周后的1944年9月11日，从圣特洛佩登陆的部队和从诺曼底登陆的部队会师了，"龙骑兵"行动结束。相比于南线的顺利，诺曼底登陆则惨痛得多，盟军在海滩上鏖战数月，付出了12万人伤亡的巨大代价，才取得登陆作战的胜利。

在这段时间内，丘吉尔曾经乘坐"金伯利"号驱逐舰视察诺曼底地区的战况。有一次在视察时，丘吉尔发现，此次的登陆作战显得非常沉闷："与上次炮火连天你来我往的殊死搏杀不同，这一次防御方的德国人动静小了许多，火力遭到盟军的全面压制。"

自己的一些态度

丘吉尔在十天之后又来到意大利，视察了盟军意大利境内的进攻状况。相比于在诺曼底的战事，意大利的战况显然更令丘吉尔舒心。丘吉尔和亚历山大将军一起来到佛罗伦萨的德军防线外的一处制高点上，就近观察敌军。丘吉尔日后回忆道："在我们站的位置上，可谓一览无遗。我看到德军都在山谷中的灌木丛里，他们也发现了我们，隔着500码的距离开枪朝我们射击。此刻，我们就站在我军阵线的最高点，无论是机枪还是步枪，他们的子弹根本打不到我们。这是我在第二次世界大战中离敌人最近的一次，也是听到枪声最密集的一次。"

3天后的8月29日，丘吉尔返回英国。这一个月的巡视使得丘吉尔疲惫不堪，他再一次患上肺炎。9月3日，丘吉尔在病床上听到了从波兰首都华沙传来的悲剧。波兰的反纳粹武装力量在华沙同德军殊死战斗，而此时，苏联红军已经推进至距华沙仅仅50英里（约80千米）的地方。但斯大林下令，苏军不予干预，坐视波兰的反纳粹武装在华沙浴血奋战，最终惨遭屠戮。其原因在于，波兰的民族武装试图在赶走德国人后建立民主的波兰政府。斯大林则希望将波兰纳入共产主义阵营，因此，他觉得与其将来再生波折，不如借德国人之手，将这些潜在的威胁消灭掉。

丘吉尔洞悉了斯大林的意图,他不顾自己正发着高烧,在地下战时会议室内召开了内阁紧急会议。英国内阁成员一致认为,在华沙发生的惨剧无疑是一桩丑闻,但为了维护和苏联的盟友关系,应尽量淡化处理。在开会决议后,丘吉尔给斯大林发了一封精心思考过后措辞十分谨慎的电报,告诉苏联领导人自己的一些态度:"不管是在现在还是将来,我们都非常重视和您之间的合作与合作精神。"这些温和的话语并未起到任何点醒作用,苏联红军对华沙弃之不顾,任由德军在城中肆虐,任由德军将波兰反纳粹武装屠戮殆尽,任由德军将整个城市洗劫一空。华沙事件成为丘吉尔心头的一块阴影,这个教训让他在战后的岁月中久久不能忘记。

1944年9月,丘吉尔尚未完全康复,便再一次从克莱德河上的格里诺克登上"玛丽王后"号,远渡重洋来到魁北克与罗斯福总统会谈。9月5日,由于会谈的延长,丘吉尔的行程将后延一周。他担心负责自己安保工作的美国特工需要在船上再等待7日,从而损失

丘吉尔在伯纳德·蒙哥马利将军的陪同下,对在卡昂战场的英军讲话。盟军最初的打算是在诺曼底登陆当日便攻下卡昂,但在德国强劲的阻挡和困难地形的制约下,盟军的前进速度严重受阻。在随后展开的攻坚战中,卡昂几乎被夷为平地。

> ## 1944年12月8日，丘吉尔在议会下院发表关于民主的演说
>
> "民主，在我看来，不是建立在暴力和恐怖之上，而是建立在理性、公平和自由之上，是建立在尊重他人的权利之上。民主不是一个拿着冲锋枪就能随便带走的婊子。我对几乎任何国家的人民，都表示信任，但首先我要确认那是真正的人民，而不是一群从山上下来，以为凭借暴力就能推翻合法的政权，或历史悠久的议会、国家和政府的暴徒（民主不是没有代价的）。我们用我们的财富和鲜血来捍卫民主，而不是抛弃我们的荣誉和胜利来使之蒙羞。"

很多与家人在一起的时间。于是他便致信给罗斯福："如果可以的话，我希望这段时间可以给他们放假，这将是我的荣幸。"罗斯福总统立刻答应了。

原子弹

丘吉尔在9月12日抵达魁北克，同一天，从欧洲传来战报，美国军队跨过德法边境逼近亚琛。这是激动人心的一天，是战争爆发以来，盟军首次踏足纳粹德国本土，这也昭示着，纳粹德国的末日即将到来。在魁北克会议上，美国人提出了一个关于战后德国重建的议案。美国财政部长亨利·摩根索提出了一个以严厉苛刻著称的德国重建议案——"摩根索计划"。这一计划旨在使德国完全非工业化并重新农业化，建议最大限度地拆除其工业设备，关闭所有工厂，炸毁船坞，使之返回农业国状态。这一提议将使德国倒退两个世纪，过分虚弱的德国将根本无力对欧陆其他国家造成威胁。

美英两国领导人罗斯福和丘吉尔都草签了这份计划，但遭到美国国会的强烈反对。因此，关于战后德国重建的具体问题仍悬而未

1944年夏天，纳粹德军将华沙的反抗者屠戮殆尽，此时，苏联红军距离这座城市仅有50英里（约80千米）。丘吉尔由于不愿意失去斯大林这样强大的盟友，便为苏联红军的坐视不理辩护，他这样做自然招致波兰人的怨恨，且这份怨恨一直到战后仍未消弭。

决。在魁北克会议上，英美两国首脑也讨论了对日本战争的走向。1942年6月，美国与英国商定共同研制原子弹；1942年8月，"曼哈顿计划"上马，研制原子弹的工作正式展开。在魁北克会议上，美国人提出在对日作战中使用这种武器的可能性，但丘吉尔认为没有必要使用这种武器。丘吉尔认为，持续不断地对日本进行轰炸，并加大轰炸力度，足以迫使日本人投降。

与斯大林磋商

丘吉尔乘"玛丽王后"号回国，并于9月26日抵达格里诺克。11天后，他再度启程前往莫斯科。在面见斯大林时，丘吉尔希望苏联能够限制共产主义势力在南欧和巴尔干的扩张。此时势不可挡的苏联红军已经解放了罗马尼亚、保加利亚和南斯拉夫，并即将解放匈牙利全境。在这些国家境内，此前还尚且占少数的共产主义者已经在苏联的扶持下夺取政权并开始在这些国家全境掀起共产主义运动。在希腊，忠于现政府的武装和共产党游击队之间在1944年11月德军完全撤离后旋即爆发了内战。

丘吉尔提出了名为"百分比方案"的计划，试图划分英国和苏联在这五个国家内的势力范围。其中罗马尼亚90%的领土由苏联占领，英国占领剩下部分，而在希腊这个比例则反过来。在匈牙利、保加利亚和南斯拉夫，双方比例则各占一半。此外，丘吉尔还开出了另一个条件——达达尼尔海峡的自由通航权，这能让俄国舰船顺利从黑海进入地中海。作为交换，丘吉尔要求斯大林做出口头保证，不会鼓励或扶持希腊和意大利的共产主义运动。

丘吉尔将这份提议的文本递给了斯大林，斯大林阅毕，重重地敲了一下，然后还给了丘吉尔。丘吉尔当然明白这正是共产主义者最为深恶痛绝的"帝国主义做派"，因此他半开玩笑地询问斯大林

丘吉尔在诺曼底与伯纳德·蒙哥马利将军交谈（左）。丘吉尔和蒙哥马利的私人关系很好，但后者过分的谨小慎微经常会让丘吉尔感到愤怒。蒙哥马利在没有万全准备下，不愿意将部队投入战斗，他这样的性格和拖延也常常让美国人沮丧。

该如何处置这份"玩笑文件"（a naughty document）："数百万人的命运就这样在他人的手中被轻描淡写地决定了，这恐怕不太好。"丘吉尔随后建议道："要不然，我们烧了它？"斯大林却没有赞同，"那就不必了，"斯大林回应道，"你留着。"

但当会谈的内容转向波兰的问题时，气氛便没了之前的轻松。不久之前，纳粹才刚刚屠戮了华沙的起义者。流亡伦敦的波兰临时政府已经告知丘吉尔，除了完全恢复波兰的主权，他们不接受任何其他方案。斯大林此时却已经组织起了共产主义者准备组建战后的波兰政府。双方都毫不妥协。丘吉尔随后在议会演讲时，称自己这段居中协调的日子就像是"在村庄与村庄之间来回穿梭的吟游诗人，嘴里唱的总是同一首诗歌"。他同时承认，对如此尖锐的对立，他也无计可施。

东欧国家此时"正被拖进共产主义阵营"，丘吉尔告诉安东尼·艾登："只有靠我们在苏联的影响力才能阻止他们继续'赤化'那些国家，对我来说，保障人类的自由比什么都重要。"对于居住在德国东部的大量的德国人而言，他们已经不敢等到俄国人前来讨还"人类的自由"了。数以百万计的德国人争相向西逃亡，唯恐复仇心切的苏联红军将纳粹在俄国大地上的所作所为"原数奉还"。丘吉尔对德国平民的遭遇感到同情。

"我想告诉你，在看到我们推进的军队前方绵延40英里（约64千米）的难民队伍中，无数德国妇女和儿童的哭喊和号泣让我的心为之一悸，"丘吉尔在给克莱门汀的信中写道，"我清楚地告诉自己，他们罪有应得，但被其中一个难民所凝视时，我的心依旧不能平静。这场波及全世界的浩劫令我为之后怕，我更担心的是如果再爆发新的战争，我们是否仍能够安然度过？"

衰弱的罗斯福

丘吉尔所担忧的"新的战争"随着斯大林的扩张野心的显露而愈发有成为现实的危险，这成了丘吉尔担忧的头等大事。1945

年1月29日，他离开伦敦，准备前往雅尔塔——俄罗斯克里米亚半岛南岸的度假胜地，在那儿，他将和斯大林以及罗斯福讨论战后国际秩序——这一愈发紧迫的问题。在抵达前，丘吉尔首先飞往马耳他，并在那儿同安东尼·艾登以及总参谋长一道讨论了在雅尔塔的谈判策略。丘吉尔希望能够积极行动，阻止苏联的势力在欧洲过度扩张，阻止苏联在英国的势力范围内建立共产主义政府。在此情况下，奥地利成为丘吉尔最关心的问题。"那儿至关重要，"丘吉尔告诉总参谋长，"我们必须尽快占领奥地利，那儿比其他西欧部分都更为重要，不能落入俄国人的手中。"

显然丘吉尔竭尽了全力，至少打算在雅尔塔会议上进行力争。2月2日，美国总统罗斯福也抵达马耳他，但他已经无法与苏联进行激烈的交涉。当见到罗斯福时，丘吉尔对罗斯福那虚弱的外表大为震惊。此时的罗斯福已经没有往日的精力充沛、魅力四射，只剩下苍白、枯槁以及病态的瘦弱。一年前，罗斯福的医生便诊断出他罹患严重的心脏病和循环系统疾病，从此时的病容来看，医生当时的诊断不可谓不准确。罗斯福在马耳他只参加了几场会议，与会期间，他也只是坐着默然不语，眼神黯淡无光。

丘吉尔、罗斯福以及他们的高级幕僚于2月3日起程前往雅尔塔。会议的场所选在里瓦迪亚宫，此处曾是最后一位沙皇尼古拉斯二世的行宫。这座历史悠久的宫殿古朴雅致，是举行会议的理想场所。正式的首脑会谈于3日下午4点开始，一直持续到晚上9点。会谈时间的安排正中了丘吉尔的下怀——他本人习惯很晚起床，喜欢吃完早午餐后再散个步。

承诺破灭

雅尔塔会议期间，三国在数个议题上都很快达成了一致。三国领导人都同意丘吉尔和罗斯福在1943年1月卡萨布兰卡会议中提出的无条件投降政策。斯大林向美国保证在击败德国后立即向日本宣战。同时，斯大林也答应了丘吉尔调集力量进攻但泽的请求，因为当时德国海军正在但泽的船厂制造一款新型潜艇，这款潜艇在英国附近的水域不断击沉英国的船只。此外，各方也就战后如何处理德国领土的问题形成了统一方案：英、美、法、苏在战后将各自管制其占领的区域，而柏林则由四国共同管制。

在对德国的战后处理问题上，各方的分歧很大。尽管举行了几轮延长磋商，但是四国仍未在是否将德国肢解为5个小的自治州、同盟国战后索取怎样规格的赔偿等方面达成一致。在处理战犯的问题上，到底是对战犯进行审判，还是对战犯进行未经审判的公开处决，各方对这一问题争执不休。"会谈的唯一共识便是对纳粹的仇恨"，丘吉尔这样向安东尼·艾登形容，他非常担心对德国进行复仇的急切愿望会主宰战后各国的欧洲政策。

在此次会议中，波兰问题同样悬而未决。在雅尔塔会议召开的

1944年8月，英国国王乔治六世在白金汉宫召见战时内阁成员。克莱门特·艾德礼（左二）和安东尼·艾登（丘吉尔身后）日后相继成为内阁首相。

1945年1月18日，丘吉尔在下议院的演说"我们要求敌人无条件投降"

"我很清楚，任何事情都不可能是我们放弃迫使敌人无条件投降的原则；无论德国和日本以什么样的名义提出建议，我们不可能同其进行谈判，直到它们无条件投降……我同美国总统一道反复声明，作为文明的基督教国家，在敌国无条件投降后，我们将尊重战败国人民的人权，这同样是我们的使命。我们要求敌人无条件投降，但是希望他们明白我们行动的时候受到了多么严格的道德约束。我们不是种族灭绝者，不是屠杀人民的刽子手。我们不会剥夺他们的权利。德国人和日本人，无条件放弃抵抗吧，我们会恪守我们的传统和人性！"

同时，苏联红军已经完全控制了波兰全境以及东欧大部，在已经征服的土地上，斯大林可以推行任何他愿意推行的社会制度。虽然斯大林向丘吉尔承诺，他会在一个月内让波兰人自由而公正地选举自己的政府，但苏联方面最终食言了。事实上，斯大林在雅尔塔会议期间就波兰问题做出的承诺都没有兑现。

殷鉴未远

会议结束后，丘吉尔经亚历山大港返回英国。同样在亚历山大，美国海军"昆西"号重巡洋舰已经靠港等待，准备将罗斯福总统接回美国。此时的罗斯福由于在雅尔塔会议上消耗了过多的体力而显得非常疲惫，丘吉尔能感受到这位亲密的朋友正在迅速衰弱下去。"我感觉他此时已经命若悬丝，"丘吉尔回忆道，"在雅尔塔，他仍然强打起精神，维持着笑容，保持着开朗而富有活力的行动，但那时他的情况就已经有些古怪，虽然面色如常，但时常眼神空洞。在亚历山大港送别他的时候，我发现自己对他的衰弱和可能随之而来的死亡怀着难以名状的恐惧。"丘吉尔和罗斯福此后未能再相见。

2月19日,丘吉尔在结束3周的出访后返回英国。在雅尔塔会议中三方对波兰命运所达成的决定在英国国内掀起轩然大波。许多议员都认为决不能相信苏联关于让波兰举行公平自由的大选的承诺。但丘吉尔当时对此保持谨慎乐观的态度。他在信中写道:"从个人的角度而言,抛开我的反共产主义偏见,我对俄国人还是抱有着期待,斯大林本人也愿意保持和西方民主国家的和睦关系。如果苏联人在这时候临时变卦,那将对世界局势的长期发展产生巨大的不利影响。"

不过对于这种承诺之前已经有过惨痛的教训,深知于此的丘吉尔自然忧心忡忡。在1938年和1939年,另一位首相内维尔·张伯伦同样相信了另一位独裁者阿道夫·希特勒的承诺,但是遭到了无情的背叛。

在1945年2月的雅尔塔会议上,斯大林巧妙地划定了日后苏联对东欧的掌控范围。

三振出局

　　几周后，斯大林食言的消息传到了丘吉尔耳边。从罗马尼亚发回的报告提到，此时苏联人正以强大的红军作为后盾在罗马尼亚境内发动政治清算，并直接成立了一个共产主义的政府。在波兰，非共产党人士被排除在政府之外。苏联取缔了波兰境内的政治抗议活动，超过2000名宗教人士、知识分子和教师被送往苏联的劳改营关押。1945年3月，丘吉尔向罗斯福发了一封电报，急切地要求美方同英国一道"以最严厉的姿态向苏联施压"，以争取波兰的自由。但是这封电报没有得到任何回应，此时的罗斯福已经病重，不能视事。

　　3月底，在完成莱茵河沿线战场的长途视察后，丘吉尔的注意力很快被转移到另一个问题上。此时，艾森豪威尔上将已经决定改变对德作战的战役方针：他打算放弃柏林，盟军主力将经莱比锡向德累斯顿方向推进，随后占领易北河左岸一线。艾森豪威尔并没有认识到柏林作为工业中心和德军重兵集结地的重要性。他的方案更着重于瓦解德国南部工业城市圈的德军的抵抗。

　　丘吉尔和英军总参谋部在得知美方变卦后曾多次警告艾森豪威尔。在英军看来，艾森豪威尔的作战计划是一个严重的战略失误。如果盟军仅推进至易北河一线，这不仅会将柏林拱手让给苏联人，还会导致西方损失更多的东欧领土，此外，奥地利的首都维也纳也将受到严重威胁。

总统陨落

　　丘吉尔尽他最大的努力去劝说艾森豪威尔改变主意。"我对此事高度重视，"他对这位时任盟军最高司令的美国将军说道，"我

下页图：1945年3月，丘吉尔于百忙之中抽出时间在一个炮兵观测点与英军士兵一起享用下午茶。这支部队即将越过莱茵河进入德国。

们应该尽可能地在更东面的地方与俄国人握手会师。"但艾森豪威尔并不为之所动，他的新作战计划被继续执行。4月11日，盟军部队已经推进至易北河一线，但此后美军地面部队便止步不前，没有继续推进的迹象。丘吉尔用最晦暗的语调形容当时的局势。"如果我们采取了措施（继续推进），"他说道，"那么俄国人顶多只能算是在欧洲局势的话语权得到了增强，此后他们还是很有可能成为维持世界和平的强大的有益力量。但我们什么都没做，因此在战争快要结束的时候，被放任的俄国人已经占据了压倒性的优势，几乎能够主宰整个欧洲大陆。"

4月12日，罗斯福总统在佐治亚州温泉镇（Warm Spring）度假期间因心脏病发作而溘然长逝。丘吉尔对此深感悲伤，他在向自

1945年3月25日，丘吉尔参观了位于维瑟尔的莱茵河大桥，这座桥刚被盟军攻占。当时附近的德军尚未被肃清，炮弹时不时会落在附近，而且丘吉尔所处的位置也在敌军狙击手的射程内。据陪同的布鲁克将军讲，丘吉尔感到很兴奋，他很享受这样的感觉。后来，在指挥官的再三请求下，丘吉尔才不情愿地离开这片危险地带。

1945年4月12日，美国总统富兰克林·罗斯福逝世，丘吉尔对此感到非常难过。4月17日，丘吉尔参加了在伦敦圣保罗大教堂举行的悼念仪式，图中陪伴他的是女儿莎拉（在他后面）。

已的好友哈利·霍普金斯拍发的电报中写道："我为这位伟人的离去感到无比痛苦，我们之前曾在共事中建立了牢固的友谊，但死亡却斩断了我们之间联系的纽带。我对富兰克林的死感到真切的哀伤。"

4月17日，丘吉尔为罗斯福的葬礼发去唁电："我与这位伟人在战争中因共事而结下的友谊，随着战时的推进而愈加深厚。"丘吉尔在下院的悼念演说中讲道："……我对他作为一位伟大的政治家、国家的战时元首而做出的丰功伟绩倍感钦佩。他那坚毅、富有

下页图：1945年5月，柏林已经成为一片废墟。经过四年多的轰炸，柏林只剩下一片残垣断壁，几乎没有完整的房子。

感染力的外表和精神曾给予我们莫大的激励，而他所给予我们的影响，着实难以在此用语言形容……罗斯福总统的身体不便给他造成了很大的负担。即便沉疴在身，他仍奇迹般地挺过了多年战事中的风云浮沉。千万人中，再难找到一个人如他一般，即便屡遭失败，常年经受病痛折磨，仍以坚定的意志与永不放弃的决心，投身于事关众生福祉的政治事业中……"丘吉尔总结道："最后，我只能说，富兰克林·罗斯福的逝世，让我们失去了有史以来最为亲密的美国朋友，他在领导'新世界'以帮助'旧世界'重夺自由的奋斗中所做出的无上贡献将永远被我们铭记。"

启示录

随着时间的推移，越来越多的纳粹集中营被推进中的英美盟军解放。战争爆发之初，就有传言称纳粹正在有步骤地灭绝他们所认为"低等"的犹太人、吉普赛人、斯拉夫人、同性恋者以及其他的无辜人群。但直到奥斯维辛、卑尔根-贝尔森以及布痕瓦尔德等集中营被解放，纳粹惨无人道的暴行才真正为世人所知。1945年初，苏联红军在波兰率先解放了一座集中营。4月，美军部队在向西挺进德国纵深的过程中发现了更多的集中营。媒体立即跟进，照片中如山般堆积在死亡营内的罹难者尸骸和如骷髅般消瘦、眼神空

1945年5月8日，丘吉尔关于欧洲战场胜利的演讲

"此刻，或许我们终于可以有一段短暂的休憩来庆祝胜利；但我们仍旧不能忘记在我们的前方仍有挑战和困难。背信弃义、利欲熏心的日本仍旧未能得到惩戒。此时这群残忍的刽子手已经被英国、美国和其他盟国所重创，我们将伸张正义，我们将报仇雪恨。我们必须倾尽我们在本土和海外的全部力量和资源来彻底完成这一使命。前进吧，不列颠尼亚！自由万岁！天佑吾王！"

洞、奄奄一息的幸存者们让新闻片观众与报纸读者感到无比震惊。丘吉尔也通过从艾森豪威尔将军处打来的电话了解到布痕瓦尔德集中营的惨状。他在给克莱门汀的信中写道："我们所有人都对纳粹集中营中的暴行感到震惊。"4月19日，他在下院的发言中讲道："没有语言能够形容联合王国政府和其盟国在面对每日激增的德国战争罪行证据时所感到的悲愤。"

欧陆的战争正迅速迎来终结，4月20日，美军第7集团军夺取了纽伦堡。4月23日，苏联红军攻入柏林。30日，希特勒在他位于柏林总理府的地下堡垒中自杀。当时正以犁庭扫穴之势在颓圮的柏林废墟间推进的苏联红军距离德国总理府仅有数百码之遥。一周后，所有的德军都无条件投降。希特勒宣称将延续千年的"第三帝国"，终于在鲜血、烈焰和瓦砾中被彻底毁灭。

第  章

诸事不顺

1945年对于丘吉尔而言，可谓是喜忧参半，这一年，他经历了胜利和失败的大起大落。1945年5月，欧洲战事结束，纳粹德国无条件投降，六年战争终于盼来了胜利。然而在7月进行的英国大选中，保守党一败涂地。诸事不顺的丘吉尔还在顽强地战斗着，粉碎那些关于他身体不好的谣言，粉碎自己对欧洲赤化的恐惧。

丘吉尔作为保守党议员参加了1945年的英国大选，但保守党只在议会中得到146个议席，工党取得压倒性胜利。

温斯顿·丘吉尔——一位政治家的成长

根据德国的声明，欧洲的战斗于1945年5月8日午夜停止。全英国的民众纷纷走向街头，庆祝战争的胜利，欢庆的人群摩肩接踵，一时间万人空巷。5月8日早上，丘吉尔要起草一份向民众广播的胜利宣言。像往常一样，他这一次刚开始也是在床上起草，这是丘吉尔长久以来形成的习惯。但是，没过多久，他便起床了，来到了作战地图室。他带着一大瓶香槟、一块芝士和一张写给作战地图室管理员皮姆上校的留言，上面写道："给皮姆上校和他的队员们以欧洲胜利日的问候。"

丘吉尔和克莱门汀在法国昂代享受一个惬意的假期。

1945年5月8日下午，丘吉尔在唐宁街10号的首相官邸内，向英国民众广播了德国投降的细节。傍晚时分，丘吉尔和所有内阁成员都来到政府大楼的阳台上，向欢庆的人群挥手致意。"这是你们的胜利！"丘吉尔向欢庆的民众喊道，随即他的声音便被巨大的欢呼声打断。待民众高涨的情绪稍微平复一下之后，丘吉尔又说道："这是所有渴望自由的人民、所有渴望独立的土地的胜利。在我们悠久的历史中，也从未有过如此的荣光……所有的人，无论男女老幼，都付出了我们最大的努力。每个人都在努力着，无时无刻不在付出。漫长的战争岁月，敌人的威胁，都无法瓦解我们的意志，都无法打倒不列颠民族奋

1945年5月8日，欧洲胜利日，丘吉尔和他的战时内阁成员向民众致意。世界上很多人都认为丘吉尔是一名伟大的英雄，但在当时的英国，战争结束后的英国民众觉得他对国内的问题了解得不够深刻。

战的决心……亲爱的朋友们，这是属于你们的荣耀，这是属于你们的时刻。这不是一个政党或者一个团体的胜利，这是伟大的英国人的胜利，是我们整个国家的胜利……"

最后，过了很久，欢庆的人群才散去，丘吉尔回到办公室，那里有堆积成山的来自世界各地的贺电。在接下来的几天内，虽然全国各地民众的庆祝情绪依旧高涨，庆祝活动有增无减，但丘吉尔的注意力已经转向其他逐渐紧迫起来的问题。苏联加快了对远东地区、中欧和巴尔干地区的控制。另一个问题是，美国从德国中部地区撤走了一半以上的军队，将之投入到太平洋战场对日作战中。丘吉尔希望将其对欧洲的未来的恐惧传达给罗斯福的继任者杜鲁门总统。丘吉尔觉得美国应当在欧洲保持足够多的兵力以防范苏联人，否则，丘吉尔预言，如果苏联人愿意的话，他们可以很快推进到北海和大西洋沿岸。

改革

　　杜鲁门赞同丘吉尔的观点，认为必须防范斯大林可能采取的行动，于是英、美、苏三国在柏林市郊的波茨坦进行了一次会议。1945年5月13日，丘吉尔在广播中警告民众："我们所有的辛苦和困难，到现在为止还没有完全结束……我们要坚守初心，那些我们一直以来所秉承的、为之浴血奋斗的理想和信念，不会被遗忘和放弃。在接下来的几个月内，我们要努力保证人们得到真正的、不被扭曲的'自由、民主和解放'。"

　　波茨坦会议定于1945年7月17日举行，在此之前，丘吉尔还要面对另一个挑战。丘吉尔曾希望英国的战时联合内阁能够继续执

1945年6月，艾森豪威尔被授予"伦敦金融城荣誉市民"称号。尽管两人私交不错，但丘吉尔和艾森豪威尔却不总能在大事上达成共识，无论是在第二次世界大战期间，还是在1952年艾森豪威尔成为美国总统后。

政，直到日本战败。但是工党议员们持续向他施压，要求展开大选，因为他们确信工党有足够大的优势在大选中获胜。

1942年，贝弗里奇爵士曾出版了一份报告，显示工党拥有极其坚实的民众基础，能够在竞选中占据优势。经济学家威廉·贝弗里奇爵士领导的一个委员会所撰写的报告，描述了一个新的激进的社会保障制度，描绘了未来国家的福利保障政策蓝图。报告中提及的提供失业保险、免费医疗服务、儿童福利和老年退休金的规模，都是此前的福利政策所未能企及的。这些关于社会福利政策的改革仿佛是丘吉尔二十年前的方案重现，然而，对于英国民众来说，丘吉尔久久未能兑现的承诺早已被人深深遗忘。直到当时丘吉尔仍未能摆脱自己因在1926年英国工人大罢工中所扮演的角色。

1945年夏天，克莱门特·理查德·艾德礼和他领导的工党在大选中获胜，英国民众相信他们能够成为未来福利国家的缔造者。联合内阁不得不下台，1945年5月23日，丘吉尔在白金汉宫向国王乔治六世请辞。在国王的要求下，丘吉尔继续担任临时过渡政府的领导人，直到选举全部结束、新的政府开始工作。三天后，丘吉尔发表了他的竞选演讲，演讲主题就是"社会主义的危险性"。社会主义是他竞选对手工党的基本信条，在丘吉尔看来，工党的宗旨类似于共产主义。

"盖世太保"——错误的评价

这一次，丘吉尔并没有领会到人们真正的需求和心态。在英国民众当中，特别是那些曾经服役过的青年男女心中，有一种观念深入人心：国家现在应当休养生息，应当集中精力解决社会问题。因此，他们都很欢迎工党提出的社会主义政策。但此时的丘吉尔并未真正意识到这样的问题，在竞选活动中，他始终宣扬与社会主义阵

下页图：1945年7月，丘吉尔参观了被炸成一片废墟的柏林。他坐在希特勒曾经坐过的那把椅子上，当几个月前苏联红军逼近纳粹总理府时，希特勒在地下室自杀了。

营对立的思想。6月4日，丘吉尔在广播中宣扬的激进的对立思想使得他失去了很多拥趸，这甚至比对手对他的抨击带来的损失更大。丘吉尔在演讲中说道："我的朋友们，我必须告诉你们，社会主义思想和我们英国自由的想法是完全相悖的。社会主义和极权主义与对国家的极度崇拜是密不可分交织在一起的……在社会主义社会，我们在某种程度上就像是不得不回到盖世太保统治下的生活……"

"盖世太保"这样的误评，是丘吉尔职业生涯中最严重的政治失误。他对工党的评价让曾经在联合政府内并肩作战过的诸如克莱门特·艾德礼等工党战友们感到非常的尴尬和愤怒，他们认为这超出了正常的政治攻击的范畴。在随后的竞选演说中，丘吉尔对社会主义的语气和态度大为缓和，试图让人们恢复对他的信任，让人们相信他也可以实施贝弗里奇计划中提到的执政方略。然而为时已晚，"盖世太保"的标签已经深入人心，一时间很难洗脱，他失去了逆转的机会。

出人意料的是，丘吉尔的个人声望却没有受到丝毫影响，无论他在哪里，民众对他都不吝赞美和崇敬之情。约翰·马丁是丘吉尔私人办公室的一名工作人员，他有一次和丘吉尔一起去契克斯办公，在伦敦西部遭遇了交通堵塞。人们看到了丘吉尔，蜂拥而至，

1945年6月5日，丘吉尔谈论工党的"社会主义"：

"看看现在社会主义者的所作所为，他们迫切地渴望控制民心，而不觉得这样做和战争时的压迫毫无二致。在这样的地方，民众的所有行为都要服从国家。这样的地方有公共的管理者、公共的规划者，最重要的是公共的统治者。在这样的地方，普通的民众如何能够反抗整个国家机器的统治？他们一旦掌权，就是无所不能、为所欲为的独裁者……到时人们能够争取在哪里工作吗？能够争取自己做什么工作吗？能够表达自己的观点吗？能够多大程度上表达自己的观点呢？"

1945年7月，丘吉尔作为英国领导人参加了在柏林近郊波茨坦举行的"三巨头"会议；但在8月份，波茨坦会议再次召开时，出席的却是新当选的首相——工党领导人克莱门特·艾德礼。丘吉尔在此前的英国大选中意外落败。

为国家的英雄欢呼。马丁在给妻子的信中写道："我们立刻被极其热情的人们围住了，所有人都满怀崇敬之情，没有人流露出一丝敌意或者反对，这简直就是一个奇迹……"

同盟的破裂

1945年7月5日，英国大选如期举行，但是直到三周后工作人员将海外投票统计完毕，结果才揭晓。在这期间，丘吉尔参加了波茨坦会议，和美、苏两国领导人共同发布了《波茨坦公告》，并和女儿玛丽一起在法国度过了一个短暂的假期。

在竞选中遭受的冷遇让丘吉尔感到十分悲凉，他身心俱疲。好在在这次旅行途中，丘吉尔还带着心爱的画架、画布和颜料。玛丽事后回忆道："绘画有着奇特的魔力，让父亲沉醉其中，使他忘却了当时以及随后那段时间的不快……"一周后的7月17日，丘吉尔和女儿一起离开法国，来到柏林郊外的波茨坦，参加三国首脑会议。

会议之初，谈判十分顺利，丘吉尔、斯大林以及新的美国总统杜鲁门都同意对德国的分割占领原则。这是对苏联和其他遭受纳粹德国入侵的国家的补偿。三国领导人还协议成立一个专门的国际军事法庭，以起诉纳粹战犯。但是，这次会议却未能达成丘吉尔心中的首要目标：遏制共产主义的扩张和蔓延。姗姗来迟的波茨坦会议并未产生实质的影响，苏联在中欧和东欧已经站稳脚跟。斯大林根本无意在这些占领区内实行此前在雅尔塔会议中承诺的民主选举政策。此时，苏联与西方世界存在着根本的利益分歧，战争时的同盟已经名存实亡。

大选落败

丘吉尔的首相生涯即将落幕。7月25日，丘吉尔回到家中，静

丘吉尔虽然在1945年的英国大选中落败，但在他自己的新选区伍德福德却取得了压倒性的胜利。丘吉尔一直是伍德福德的议员，直到1964年从议会退休。

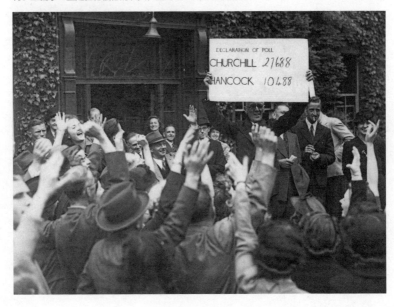

迈阿密大学是20所授予丘吉尔名誉学位的大学之一。1946年3月4日，迈阿密大学校长鲍曼·阿希博士亲自授予丘吉尔名誉学位。

候大选结果揭晓。保守党在这次大选中一败涂地，工党领先多达146个席位。海外军人本来是保守党人的传统票仓，但这一次也都纷纷转向竞争对手工党，这成为大选的决定因素。丘吉尔被结果震惊了。克莱门汀试图安慰丘吉尔，说道："这也许是变相的祝福吧……"丘吉尔回答道："这个时候，这样的祝福确实非常有效。"安东尼·艾登在自己的日记中记录了丘吉尔难以掩饰的痛苦和失望："他像个受了委屈的可怜孩子一样，口中念叨着不难过了，不再伤心了，事实上却恰恰相反。这次受伤之深，可谓是刻骨铭心，痛苦不可能这么快消弭，反而愈益严重。"

丘吉尔一生中从未扮演过旁观者的角色，因此，这一次受挫之重，让丘吉尔很难平静下来。正如他对自己的秘书伊丽莎白·林顿所说的那样："我也发自内心地渴望和平。"

波茨坦其他两国的代表们都坚信，丘吉尔回国参加竞选之后，很快就会重返此地，他们对丘吉尔的连任充满信心。当英国新的首相克莱门特·艾德礼来到波茨坦时，他们都非常震惊。杜鲁门总统下令向日本投放新研制的原子弹，以迫使日本尽快无条件投降。8月6日，美军向广岛投放一颗原子弹，三日后，又向日本的另一个军事工业重镇长崎投放了一颗。这两颗原子弹彻底摧毁了日本人的抵抗意志，1945年8月15日，日本宣布无条件投降。对此，丘吉尔颇有微词，他认为用原子弹轰炸日本并不是最优之选，在他看来，这些新的武器应该用于威慑苏联，使得苏联人"收敛一下在欧洲的行为，让他们的行为变得能够让人接受"。杜鲁门总统则不以为然，觉得丘吉尔在杞人忧天。

奖励和荣誉

时间是抚平伤痛的良药。在大选失败后的几个月内，丘吉尔来到意大利度假，在这期间他不停地作画，在画布上排遣心中的失落和苦闷，并创作了不少主题各异的作品。当他不作画时，丘吉尔就会游泳或者驾驶游艇来让自己放松。在意大利度过的这段愉快时光

1946年3月，丘吉尔（右）和克莱门汀（左）陪同罗斯福总统遗孀埃莉诺（中）满怀敬意地来到纽约海德公园的罗斯福总统陵墓前，献上鲜花。

使得丘吉尔的心绪逐渐平复下来。丘吉尔在给远在伦敦的克莱门汀的信中写道：“现在我感觉好多了，不用再担心任何事情……长久以来，这似乎是我第一次完全脱离了世界，过属于自己的生活……从那些其他人不得不面对的纷繁芜杂的事情中解脱出来，我很享受这样如释重负的感觉。”这时候，丘吉尔也许真的体会到了克莱门汀此前所说的话——“这可能真的是一个祝福。”在信的结尾，丘吉尔如此总结道。

人们并不会忘记丘吉尔在战争时期作为国家领导者的伟大成就。他收到了来自世界各地的赞誉——乔治六世授予的奖章、法国政府给予的荣誉、美国荣誉公民，以及几所大学的荣誉学位。丘吉尔每至一处，必有不计其数的民众自发前来欢迎，并献上鲜花和赞美。1946年11月，当丘吉尔前往比利时参议院发表演说分析第二次世界大战的起因时，兴高采烈的比利时人民把前往议会大楼的道路

第11章

诸事不顺

堵得水泄不通，他们簇拥着丘吉尔的汽车来到议会。随行的驻布鲁塞尔的英国大使事后回忆道："我从没见过人们如此兴奋，如此充满热情。人们冲破了警察的警戒线，中断了摩托车护卫队的行进，将手中的鲜花抛向我们乘坐的汽车，这些鲜花几乎在汽车前面铺成一道花毯……"

充满争议的观点

1946年1月14日，丘吉尔携夫人克莱门汀一起乘坐"伊丽莎白女王"号邮轮来到纽约，在那里他们受到了纽约市民的隆重欢迎。丘吉尔每天大约能收到300余封来自世界各地的信件，以至于他需要三名全职的秘书来处理这些信件。丘吉尔在迈阿密的海滩上尽情放松，随后又前往古巴哈瓦那观光。当丘吉尔再次返回美国时，杜鲁门总统邀请丘吉尔在密苏里州的富尔顿发表演说。1946年3月5日，丘吉尔在杜鲁门总统的母校威斯敏斯特学院发表演说。在演讲中，丘吉尔说美国不应该重拾孤立主义，而是应该积极地活跃在世

1945年7月26日，丘吉尔在大选中失败，辞去首相职务

"今天的检票结果已经表达了英国人民的决定。因此，我决定卸下你们在过去那段晦暗的岁月中交给我的重担。但令我感到遗憾的是，我可能没有机会完成对日本作战的工作了。这方面的所有事情都已经规划好，目前的进展比我想象中还要顺利，因此可能比我们预期还要快就能得到结果。在本土与海外，还有繁重的职责将要落到新一届政府的肩上，我们希望他们能够成功地履行它们。

现在，我向那些在危难岁月中给予我坚定支持的英国民众表达最崇高的敬意和最诚挚的谢意，同时也感谢他们曾给予作为公仆的我的善意和理解。"

界舞台上，引领世界的民主走向，捍卫自由与和平。丘吉尔针对的便是共产主义的苏联。丘吉尔在演说中告诉听众："从波罗的海的什切青到亚得里亚海的的里雅斯特，一道横贯欧洲大陆的铁幕已经降落下来。这道铁幕后边，是中欧和东欧各国的首都，是那些古老的文明城市，华沙、柏林、布拉格、布达佩斯、维也纳、贝尔格莱德、布加勒斯特和索菲亚……这些历史悠久、举世闻名的城市以及在那里生活的千千万万的人民都笼罩在苏维埃的阴影之下……"

美国总统杜鲁门（左）向听众们介绍丘吉尔。丘吉尔在密苏里州的富尔顿发表了备受争议的"铁幕演说"。在1946年3月5日演说结束后，有不少人指责丘吉尔关于欧洲共产主义的威胁是危言耸听。

斯大林听闻丘吉尔的"铁幕演说"，大为光火，指责丘吉尔的演说是对苏联的诽谤。在伦敦，工党议员觉得丘吉尔的演说中有希望英国与美国结为军事同盟以对抗共产主义扩张的意图，他们谴责丘吉尔的演说是煽动战争，会破坏难得的和平现状。随后，93名工党议员联合签署了一项反对丘吉尔的谴责议案。

财务问题

对丘吉尔的谴责议案自然搁浅了，但丘吉尔认为必须对此提出否认。"我从未寻求建立一个英美军事同盟或缔结有关条约，"他解释道，"我寻求的是不同的东西，或者说，我寻求的是更多、更为重要的东西。我寻求的是英美如兄弟般携手共进，双方在自由、自愿的基础上进行紧密合作。我坚定地认为过去的终将过去，而明

天太阳会照常升起。"

　　尽管富尔顿演讲后丘吉尔遭遇了意料之外的反对，但他仍坚持推销自己对于欧洲未来的看法。在知名的"铁幕演说"过去6个月后，丘吉尔又在瑞士苏黎世大学进行了另一次演讲。在演讲中他警告必须谨慎对待原子弹可怕的破坏力，并希望东西方能够合作而非继续对抗。他在演讲中还将苏联看作是西方"民主国家"的潜在合作对象。此外他还极力鼓吹他认为能够在未来决定世界秩序的三项政治进程。其中，东西方的和解位于所有进程的首要，他提出要与苏联进行密切的接触以避免冲突并缓解冷战的对峙局面。他同时认为，当时美国拥有原子弹而苏联没有的情况会加剧冷战的烈度。此外他还极力推动他构想的"欧洲合众国"，并希望欧洲各国能从以前的相互仇恨转向友好的相互合作。丘吉尔的第三个想法则是，他认为应该帮助德国进行民主化并使之恢复经济，以让这个已经做出反省的国家成为世界各国所尊重的合格的国际社会成员。

　　1946年秋天，丘吉尔陷入了个人财务问题的困扰，这部分是由他的巨大的家庭的日常花销造成的。因此他进行了小幅度的节省，出售了他珍藏的部分香槟，并减少购买昂贵的雪茄。但这样的节省仍然没有让他的经济问题好转。丘吉尔钟爱的查特韦尔庄园，这座坐落在肯特郡的乡间别墅耗费了丘吉尔大量金钱，此时他第一次考虑要卖掉这座房子。不过，此时他的朋友、报纸业主卡姆罗斯勋爵威廉·艾维特·贝瑞赶来为他想出了一个保住房子的办法。卡姆罗斯组织了17名富有的资助者，以5万英镑——相当于今天的上百万英镑——的价格从丘吉尔手中买下了查特韦尔庄园，并允许丘吉尔一家继续以低廉的租金住在那儿。在丘吉尔逝世后，查特韦尔庄园被捐赠给了英国国民托管组织（National Trust），被改造为丘吉尔的永久纪念馆。

对页图：1946年2月，丘吉尔在佛罗里达的迈阿密空军基地做了一个简短的演说，随后他离开美国，前往古巴哈瓦那。这是50年来丘吉尔首次故地重游，上一次在古巴的时候，丘吉尔是一名战地记者。

1947年2月11日，丘吉尔的小女儿玛丽与陆军军官克里斯托弗·索姆斯在威斯敏斯特的圣玛格丽特教堂完婚。这里也是40年前丘吉尔夫妇结婚的地方。

丘吉尔随后很快找到了摆脱自己财务困境的方法：他重拾以前作为作家和历史学家时的笔墨，将自己在战时亲眼见证的重大事件和经历记录下来。此时的他开始撰写他的战时个人回忆录，1946年3月，《第二次世界大战回忆录》（*The Second World War*）的第一卷出版。他计划用6卷的篇幅来完成这本回忆录。此书甫一出版，便行销全世界，读者甚众。随后卡姆罗斯又动用自己在出版界的个人关系，让这本书得以在美国出版销售。战争回忆录为丘吉尔带来了足足140万美元的收入，这相当于今天的600万英镑。

《第二次世界大战回忆录》的撰写是一项劳精费神的工作。据丘吉尔的首席助理威廉·迪肯透露，丘吉尔为此"孜孜不倦"地写作。这本书的编写动用了一个研究团队和7名秘书，历时六年之久。该书的每一卷都用同样的一段话作为开头，这段话也是丘吉尔在那段光辉岁月中的个人守则："战争中，坚定决心；失败时，决不气馁；战胜后，宽宏大量；和平时，充满友善。"

在撰写个人回忆录的同时，丘吉尔还承担着作为反对党党魁的责任。此时的他发现自己很难接受已经退居二线的现实，并对英国同意给予印度完全独立地位这件事情感到痛苦不已。丘吉尔一直希望英国能够在战后保持对印度这颗"女王皇冠上的钻石"一定程度上的管制，但他的希望最终落空了。

"历史是反复发展的"

丘吉尔对工党政府1947年实施的钢铁业国有化政策同样极度不满。他反对国有化，并且用此事来作为自己的弹药以强化他的主要政治主张："英国有被社会主义集权化统治的危险。"

"已经过去41年了，"他讲道，"从我作为阿斯奎斯政府时期一名年轻的自由党部长开始，议会内就开始对钢铁业国有化这一议题进行尖锐的争执。我当时说道：'现有社会制度的变革是由主流的、竞争性的选择所驱动的。虽然这个社会制度可能并不完美，但仍是我们与野蛮人之间的唯一区别。'我认为现在还应该加上，这是我们与集权主义者之间的唯一区别，而集权主义，归根到底也只是一群国有化的野蛮人而已。"但丘吉尔的抗争并未奏效，英国的钢铁工业于1949年完成了国有化。

此时的丘吉尔陷入了低谷。他见证了工党在上台四年里的胡乱施政，看见英国的经济正面临着毁灭性的危险。"我真不知道我们这个贫乏的岛国还能如何生存下去。"他这样告诉克莱门汀。他的沮丧情绪也许还表现在他的待人接物上。作为反对党在野的三四年间，丘吉尔在保守党内受到了排挤和风言风语的打击，并逐步丧失自己的势力。

历史总在重演，丘吉尔又一次发现自己成了自己政党内不受欢

下页图：1947年5月12日，丘吉尔穿着空军准将军服在巴黎领受"法兰西军功奖章"（Médaille Militaire）。克莱门汀觉得丘吉尔此次受勋应当穿着便服，以示他是"作为政治家领导民众赢得战争"。但这一次，丘吉尔并未听从妻子的建议。

1945年8月6日，美军在广岛投下原子弹，丘吉尔在唐宁街10号发表演说

"如今，大自然长久以来一直仁慈地隐瞒着的秘密已经揭开，应当在所有有思维能力的人们的头脑和良知中引起郑重庄严的反思。我们必须真诚地祈祷，这样可怕的武器，这种恐怖的力量，将有助于维护国家之间的和平；祈祷它们不会在世界上造成难以挽回的浩劫，而是成为人类繁荣延续的守护和源泉。"

迎的那个人。当丘吉尔的《第二次世界大战回忆录》的第一卷《风云紧急》（*The Gathering Storm*）出版的时候，该书引起了保守党内部分成员的强烈反应。保守党议员们更为认同内维尔·张伯伦的回忆，毕竟张伯伦本人在1940年就已经死了。但在丘吉尔的回忆录中，他回忆了自己在1938年《慕尼黑协定》签订时对条约的反对。这成为前首相张伯伦对局势的错误判断和怯懦表现的一个例子。

推动和解

当丘吉尔作为犹太复国主义运动的同情者坚定支持工党政府承认以色列国的时候，他与保守党内部的分歧更大了。在1947年联合国投票同意后，以色列于1948年5月15日正式宣布独立，但随后便遭到阿拉伯邻国的进攻。直到1949年1月，在以色列战胜阿拉伯国家确保自身安全后，英国政府才正式承认这个新生的国家。丘吉尔的亲犹太复国主义倾向在保守党内部并没有多少市场。1948年6月2日，在伦敦萨沃伊酒店举行的一次向丘吉尔致敬的晚宴上，作为贵宾的保守党议员、同时也是丘吉尔密友的亨利·"薯条"·钱农便提及："他当时（得知以色列建国时）的表现有点过于兴奋……可以说他整个人都陷入狂喜之中，简直跟去年（得知联大投票结果

时）一样。"

　　此时的丘吉尔已是73岁高龄，但他依旧在争取让每一秒都有意义地度过。他在完成议员的使命并撰写《第二次世界大战回忆录》之余，还频繁地进行海外旅行——游历美国、法国和意大利等国家，并参加各类会议，出席各种临时会议和私人会谈，有时甚至一直聊到深夜。他的奔波直到1949年8月突遭一次轻微的中风才告一段落。这次病发让他右腿出现麻痹，右手则发生了绞痛。此时的他看起来令人忧心忡忡：他已经不能用右手签名，走路也一瘸一拐。他深知自己发病的消息会迫使自己离开政坛——很多年轻的保守党成员已经迫不及待想让丘吉尔下野了。因此他决定隐瞒自己的身体状况，并在查特韦尔庄园休养至10月。

1949年3月，丘吉尔前往美国与杜鲁门总统会谈，他呼吁美国总统公开声明为了维护民主自由，不惜使用原子弹。

1949年年底，他的身体情况已经恢复了很多。丘吉尔战时内阁成员阿奇博尔德·辛克莱爵士回忆道："总体上，他已经恢复到和战时一样，充满活力，谈个不停，不管是吃饭、饮酒还是抽烟，他都跟往常一样不加节制。"

丘吉尔随后便将自己刚恢复的精力全力投入到下一届议会大选的选战当中。1950年2月23日选举结果公布，工党在此轮选举中保住了自己的执政权，但在议会中的席位数量却大幅度减少，仅多过反对派6席。在如此不乐观的态势下，艾德礼的政府恐怕时日无多。尽管听力日益下降，但丘吉尔还是全力投身到激烈的议会论战中，用自己的活力与气势击碎了那些认为他的时代已经一去不复返的传言。哈罗德·麦克米兰写道："平心而论，很多人都感觉他已经太老了，不再适合在政府中任职，这很可能成为（下一轮）选战

1946年，丘吉尔和克莱门汀在佛罗里达的迈阿密度过了一个惬意的假期。度假期间，丘吉尔经常创作油画。丘吉尔在美国期间兴趣非常广。他与出版社的编辑埃梅里·李维斯讨论了他的战争回忆录的出版事宜，又与美国总统杜鲁门在白宫共进晚餐，并在那里排练了即将在富尔顿进行的演说。

中他的对手借以攻讦的口号，但他近日来的表现如往常般让人感受到活力和气势。他依旧在每一项议题中参加表决，他的谈吐依旧诙谐有趣，而一切的一切，都不如他能够照常大快朵颐一份丰盛的早餐有说服力……鸡蛋、培根、香肠、咖啡，他都照单全收，他还能在一大杯加了苏打水的威士忌之后，来上一大根雪茄。他不服老的身体和精神都让人为之折服。"

工作依旧繁重，但丘吉尔对于未来的坚定信念仍驱使着他坚持下去。"他认为他看到了征兆，"他的秘书写道，"他将在下届大选后再度出任首相……他总是这样告诉我们。"到1951年夏末时，工党内部已经风雨飘摇，在议会辩论中仅6～8席的领先优势已经无济于事，有时必须依靠自由党议员的帮助才能堪堪过关。首相艾德礼不得不宣布于1951年10月25日举行议会选举。此轮选举中，保守党获得321个议席，工党仅得到295个。10月26日夜，丘吉尔前往白金汉宫觐见，再一次地，国王要求他组建新一届内阁。

第11章　诸事不顺

下页图：1950年2月，丘吉尔参加选民的集会。集会现场后面墙上贴着丘吉尔的海报，上面写着"英国的声音"。17个月之后，丘吉尔再次回到英国权力中心。

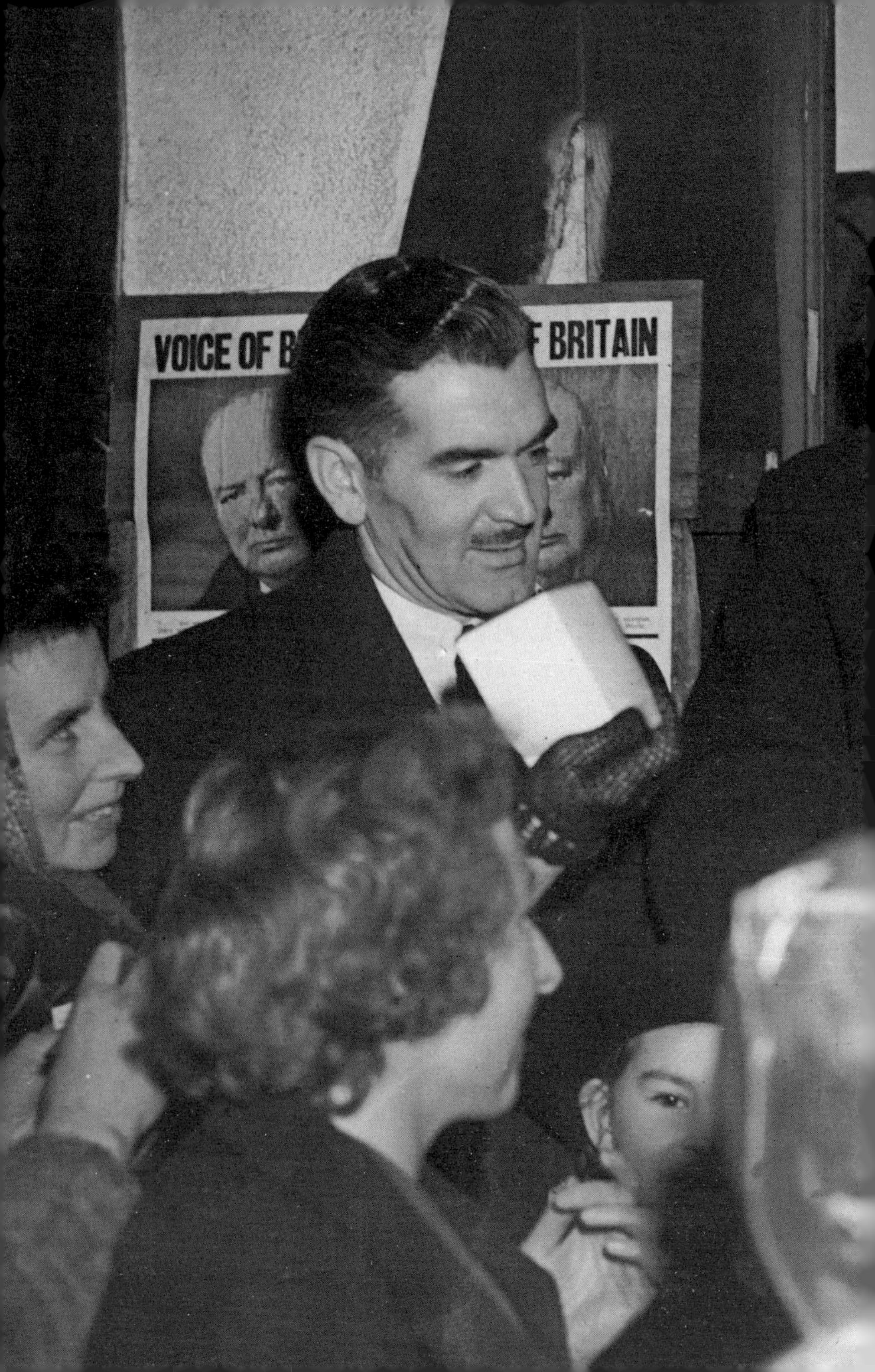
VOICE OF B
F BRITAIN

第 **12** 章

烈士暮年

丘吉尔担任第二任首相的任期内，主要任务是调和冷战的两方敌手：美国与苏联。然而，他只能眼睁睁看着美苏两国关系愈加紧张而无力回天，终于在1955年抱憾卸任。在生命的最后十年内，丘吉尔终于得以放松身心，颐养天年。1965年1月，伟人溘然长逝，荣耀永存世间。

长长的队伍为丘吉尔送葬，有仪仗队的士兵，但更多的是自发的民众。护卫丘吉尔棺椁的士兵来自丘吉尔在第一次世界大战期间服役过的近卫掷弹兵团（Grenadier Guards）。

1951年，丘吉尔再度出任首相，这一次，不论是妻子克莱门汀，还是对他饱含敬意的同僚们，都担心年事已高的丘吉尔坚持不了多久。保守党新政府甫一成立，丘吉尔便行动起来，于1951年的最后一天启程访美，与杜鲁门总统进行会谈。两人进行了五轮紧张的会晤，会谈内容涵盖苏联的威胁、使用原子弹的可能性、北大西洋公约组织——1949年建立的捍卫西欧对抗苏联的军事联盟——的使命，以及令人棘手的中东和平等问题。会议期间，丘吉尔还前往渥太华，在加拿大政府为他举行的宴会上致辞。宴毕，他就马不停蹄地返回华盛顿，继续与美国政要们进行会谈。

经过四个星期紧锣密鼓的会谈，丘吉尔也感到疲惫了。在给克莱门汀的信中，丘吉尔写道："这里的几次演讲，对我而言，真的是非常严峻的考验。"会谈结束后，丘吉尔决

1964年，89岁的丘吉尔变得越来越虚弱。7月27日，丘吉尔最后一次出现在英国下议院。三天后，有人拍下了这张照片。

定在纽约休息两天，然后乘坐"玛丽王后"号邮轮启程回国。

　　就在丘吉尔返回英国一周以后，英国国王乔治六世于1952年2月6日去世，享年57岁。作为首相，丘吉尔要带领全国人民哀悼这位历经大战的英勇君主。克莱门汀则有着自己的忧虑，担心这样的责任带来的压力对丘吉尔而言会显得太过沉重。克莱门汀的担心不无道理，丘吉尔被检查出有轻微的动脉痉挛，这有可能会诱发中风。由于病情发现及时，丘吉尔并无大碍，但克莱门汀和他的医生莫兰都劝他注意休息，适当给自己过度紧绷的生活状态减减压。

1952年年初，丘吉尔在威廉斯堡会见了美国总统杜鲁门。他很尊重勇敢直率的杜鲁门，觉得在他身上有自己的影子——在逆境中不害怕、不妥协，坚强地面对挑战和有争议的事情。

温
斯
顿
·
丘
吉
尔
——
一
位
政
治
家
的
成
长

丘吉尔在1952年的北美之行中也去了加拿大。1月14日，丘吉尔来到加拿大，加方鸣炮19响以示对丘吉尔的隆重欢迎。图中可以见到欢呼的群众与随行的加拿大皇家骑警。

热情减退

　　丘吉尔仍旧不愿意退休。他有自己的抱负，认为只有在首相的职位上才能得以实现，他曾向自己的私人秘书约翰·科尔维尔吐露过心声。科尔维尔回忆道："他只是希望自己还有足够的时间去完成两件事情：一是重建与美国的亲密关系，这个亲密的盟友，曾是丘吉尔在二战中施政的强大依靠；二是恢复自由，民众的自由在战时岁月压抑了许久，战后，极权主义在一旁虎视眈眈，丘吉尔觉得自己有义务去保证民众的自由。"

　　丘吉尔的政策推行得并不顺利，他这次虽然重掌首相权柄，但保守党在议会仅仅领先17个席位，这使得他们致力推行的政策很容易受到反对党的攻击和掣肘。1952年春天，工党开始耍一些小阴谋，旨在使政府失衡。他们组织了不少夜间的集会和游行，并一直持续到凌晨，目的就是想让保守党政府——特别是年事已高的首相温斯顿·丘吉尔疲惫不堪、焦头烂额。

1952年4月9日，钱农在自己的日记中愤怒地写道："6名年轻的社会主义青年，他们朝丘吉尔咆哮，嘲笑他的讲话内容，嘲笑丘吉尔进出议会大楼的步伐，甚至嘲笑他的高龄和耳聋。比起这样的所作所为，我真的不知道世界上还有没有更加令人不齿的行为！"

这并不是丘吉尔要面临的唯一考验。丘吉尔发现自己已经很难游刃有余地处理议会中错综复杂的问题，甚至弄清理顺每次会议所需的大量资料文件也成为负担。丘吉尔意识到，自己终于还是抵挡不住岁月的力量，他变得沮丧和困惑起来。他告诉科尔维尔："身体已经支撑不起希望，空有热情，却只能让它慢慢衰退。"1952年6月23日，丘吉尔获悉，政府内4名工党内阁要员私下秘密会晤，商议决定要求首相辞职——"要么立即辞职，要么限定一个日期。"丘吉尔不无失望地对莫兰说道："我知道这里有人想把我赶走。"

1953年10月10日，丘吉尔在保守党集会上演说，此时他的情绪比较稳定。然而就在三周前，丘吉尔还深处绝望的深渊，慎重思考过是否辞去首相职务。

新的美国总统

　　得悉这样令人沮丧的消息，丘吉尔并没有放弃，他决心反击。他用自己的强大号召力让保守党力量团结起来，在下院和内阁中同工党做斗争，为政府的政策保驾护航。

　　1952年11月4日，德怀特·戴维·艾森豪威尔将军当选为美国总统。丘吉尔与此前两任美国总统——罗斯福和杜鲁门——关系都很密切，他们之间有许多共同点。但是，对于艾森豪威尔，丘吉尔和他却交情泛泛，因此，丘吉尔担心这次美国大选后，这位前将军的上任会增加国际冲突的可能性。丘吉尔的忧虑使得他更加寝食难安，决定出面调和美国和苏联两个超级大国的矛盾。

　　为了使艾森豪威尔总统能够清晰认识到与苏联和解的重要性，丘吉尔再次踏上赴美之旅。这是他第二任首相任期内的四次访美之行的第二次。1953年1月5日，丘吉尔乘坐"玛丽王后"号邮轮抵达纽约。这一次，丘吉尔虽然与艾森豪威尔激烈讨论了数个小时，却还是未能说服新任美国总统去会见斯大林。两个月后的3月5日，苏

1946年9月19日，丘吉尔畅想建立一个"欧洲合众国"

　　重建欧洲大家庭的第一步也是基石般的一步，就是法国和德国结成伙伴。只有这样，法国才能恢复它欧洲道义领袖的地位。没有一个精神上伟大的法国和精神上伟大的德国，欧洲就不可能复兴……

　　"欧洲合众国"的构架，如果有可能实现，会使一个国家的力量显得不再十分重要。欧陆的小国家会和此前的霸主国家平起平坐，通过对共同事业的贡献赢得尊重……大英帝国、英联邦、强大的美国和苏联——那时候，所有人都会很好地对待这个新的欧洲共同体——都会成为新欧洲的朋友和支持者，必须维护新欧洲的生存和熠熠生辉的权利。

1953年6月2日，在英国女王伊丽莎白二世的加冕典礼上，丘吉尔穿着嘉德骑士的礼服，这是英国女王刚刚授予他的爵位。丘吉尔曾经拒绝过贵族的爵位，因为他想在下议院参政议政，而贵族一般进入上议院。

联领导人约瑟夫·斯大林去世。由于担心给继任的苏联政府留下口实，艾森豪威尔同样拒绝会见斯大林的继任者格奥尔基·马克西米连诺维奇·马林科夫。丘吉尔使出浑身解数，也未能使艾森豪威尔总统改变主意，他的一切努力都失败了。

下页图：1952年11月27日，丘吉尔每年例行拜访自己的母校，哈罗公学。虽然此前在哈罗公学的求学经历并没有给丘吉尔留下美好的回忆，但出于对公立教育系统的支持以及责任感，他依旧会回到这里。在1930年丘吉尔从哈罗公学毕业35年后再次回到这里时，丘吉尔在日记中写道："我这一切都是为了公立学校教育，但我自己真的不愿再回到这里。"

1953年12月2日，丘吉尔来到百慕大群岛的金德利机场，参加讨论对抗苏联的百慕大会议。

压力凸显

与此同时，在英国国内，丘吉尔政府的副首相兼外交大臣安东尼·艾登对自己继任首相的前景越来越感到焦躁不安、忧心忡忡。艾登曾希望在1945年时便接替丘吉尔出任英国首相，但是7年过去了，他仍旧未能接近自己的目标。安东尼·艾登和丘吉尔的侄女克拉丽萨结婚，由于这一层私人的关系，他曾在丘吉尔此次访美之前来到丘吉尔的别墅，直截了当地问丘吉尔打算何时辞职。令艾登大失所望的是，丘吉尔拒绝回答。绝望中，艾登对英国外交部的助理外交大臣伊夫林·舒克伯勒爵士说道："我不认为那个老人能够继续坚持下去……"

在随后的1953年4月，艾登做了一次手术，这次失败的手术让他的病情愈加严重。随后的修复手术几乎要了他的命，不得已之下，艾登飞到美国进行治疗。此前，丘吉尔曾因为艾登的黄疸病暂时让他停职休养。这一次，丘吉尔打算再次让艾登停职，却在下议院中招致了前所未有的反对。

丘吉尔再次推动美国与苏联的会晤。他告诉白宫方面，即使这一次"未能达成实质性协议……但也会给普罗大众带来一个信号，让人们觉得，他们不会一直对立下去，不会撕裂彼此，不会撕裂整个人类社会……"英国外交部中有人担心丘吉尔关于苏联的提议会使得英国在欧洲离心离德，安东尼·艾登更是出奇愤怒，认为丘吉尔是在粗暴地干涉英国的外交政策。

1953年6月2日，伊丽莎白二世的加冕礼以及随之而来的庆祝活动让英国政府忙得不可开交。在这样繁忙的时刻，议会中丘吉尔

1954年11月6日，丘吉尔带着自己的孙子尼古拉斯·索姆斯在韦斯特勒姆教堂参加了尼古拉斯的姐姐夏洛特·克莱门汀的洗礼。

的反对派们选择了发难，一场大争论随即展开，矛头直指首相丘吉尔。

在加冕礼上，伊丽莎白二世利用这个机会嘉奖了这位鼓舞人心的战时首相，授予丘吉尔"嘉德勋位"。这是英国最古老也最富声望的骑士团勋位，其渊源可上溯至1348年。丘吉尔接受了此次授勋，因为正如他说的，他认为女王实在"太好了"。正是因为有了这样的荣耀，丘吉尔成为24位嘉德骑士中的一员，也从此有资格被称为"温斯顿爵士"。

这次盛大的仪式让丘吉尔更加疲惫，未等到欢庆结束，他便离开皇家游行队伍，返回白金汉宫，前往位于唐宁街10号的首相官邸。在接下来的两个星期内，丘吉尔主持了三次英联邦总理会议，为女王举办了外事晚宴，并积极筹划着在百慕大群岛举行的会议，他希望在这次会议上能够说服美国和法国与苏联进行会谈。

再次中风

丘吉尔的压力变得愈加明显。1953年6月20日，丘吉尔在唐宁街10号的首相官邸内和来访的意大利总理阿尔奇德·加斯贝利共进晚宴。宴毕，就在丘吉尔正准备离开饭厅时，他感到身体严重不适，面色苍白地瘫倒在椅子上。这是丘吉尔的第二次中风，比第一次严重许多。中风导致丘吉尔嘴角下垂，左侧身体瘫痪，左臂完全不能动。百慕大会议不得不推迟。为此，英国发布一则新闻声明，说首相需要一个完整的休息时间，虽然没有提到具体的原因。

丘吉尔的第二次中风，如同第一次一样，对外界都封锁了消息。这一次，丘吉尔依旧付出全部的努力，以超人的毅力争取早日康复。在病发后不到一周的时间内，丘吉尔便决定走下轮椅，训练自己站立。丘吉尔抓着椅子两侧扶手，满头大汗地努力着，站立了几秒钟便坐下来，抽着雪茄。凭着超人的毅力和艰苦的康复训练，四天后，丘吉尔便能够短距离行走。又过了两天，丘吉尔就能够接待来访者并讨论外交事宜了。

7月17日，丘吉尔再次投身到致力于使美国总统艾森豪威尔与苏联领导人会晤的事情当中。这一次，艾森豪威尔总统依旧不为所动，满怀失望的丘吉尔对约翰·科尔维尔说新任的美国总统"软弱而又愚蠢"。在安东尼·艾登从美国归来后，丘吉尔一直奔走的美苏两国峰会变得更加虚无缥缈，艾登对此事的兴趣与艾森豪威尔不相上下。他认为，北大西洋公约组织拥有14个成员国——美国和13个欧洲国家，这已经充分削弱了苏联。

　　丘吉尔康复速度十分惊人，二次中风后，仅仅过了8周，他便重新来到议会，主持了内阁会议，并出席了在唐克斯特的比赛。丘吉尔撰写的关于第二次世界大战的回忆录荣获当年的诺贝尔文学奖。他同时还着手撰写另一本已经构想了二十年之久的巨著——《英语民族史》。

　　尽管丘吉尔在这一年中获得了如此多的成就和荣耀，但这仍旧无法拖住时间的脚步，在荣耀的背后，丘吉尔的身体愈加衰弱，他疲态尽显。克莱门汀最清楚丘吉尔的状况，她在给女儿玛丽的信中写道："我为你父亲感到难过。尽管他已经表现得足够勇敢，但他的身体已经不堪重负了。他很容易疲倦，然后就会变得很沮丧。长久以来，你的父亲做了太多的工作，还没有学会如何停止，也不知道何时应该让自己歇一歇。"

　　丘吉尔对自己的情况心知肚明，一方面要拖着老残之躯为着心中的理想努力奋斗，另一方面则要顶着外界要求其辞职的压力以及安东尼·艾登毫不掩饰的对继任的迫切渴望。然而，只要苏联的问题一天未解决，丘吉尔心中便仍有放不下的夙愿，也就迟迟不愿离去。

辞职压力

　　1953年年底，百慕大会议接近尾声，丘吉尔仍旧未能说服美国人放下对苏联的敌视和对立情绪，美苏和解的愿望仍旧如镜花水月般缥缈。法国也参加了这次百慕大会议，对于丘吉尔的提议，法国人也表示难以相信。几个月后的1954年2月，苏联在柏林举办了一次类似的外长会议。丘吉尔这次仍旧在奔走疾呼，却依然未能得到任何的回应。没有一个人愿意倾听并接受丘吉尔的诉求，这次东西方的严重对立——冷战，一直持续到20世纪末随着国际形势的一系列变化，才逐渐消弭无形。

英国国内要求丘吉尔辞职的声音一直没有消失，而且这呼声变得日益强烈。1954年2月，《每日镜报》刊文呼吁丘吉尔辞职。1954年3月，焦急等待的安东尼·艾登对丘吉尔不断劝说艾森豪威尔总统与苏联对话的努力失去了所有的耐心。艾登愤怒地声称，丘吉尔首相是在破坏他身为外交大臣的职权，"不能再任由他这样了！他已是老朽之人，连完整的话都讲不来了……"

百折不挠的决心

艾登的讲话无疑有些言过其实，但丘吉尔的权力无疑在不断削弱。4月5日，丘吉尔在下院发表演说时，工党所在的方台中突然

1948年10月9日，丘吉尔对苏联拥有原子弹后世界的前景做出展望

在现在的欧洲和共产主义统治下的国家之间没有丝毫的屏障，因为原子弹掌握在美国人手中……但是问题出现了，如果苏联人搞出了原子弹，会发生什么？……你可以根据现在的事情自己来判断会发生什么。如果他们继续一步一步地蚕食整个（西方）世界……那么如果他们拥有了大量原子弹又会如何呢？……原子弹不再是保证人类民主和自由的最坚实的保障，而成为奴役人类不可抗拒的手段。我们面前的时间所剩无几……西方国家如果不趁苏联拥有自己的核武器之前提出正当的要求，就不可能不付出血的代价就达成长久的解决方案……

爆发了一声怒吼："辞职！"丘吉尔不为所动，继续自己的演说，似乎根本没有在意这样的干扰。作为丘吉尔私人秘书之一的安东尼·布朗对此评论道："这完全超出我的意料……我终于意识到丘吉尔的权力已经衰落到何等地步。如果是在过去，他一定会放下手中的讲稿，与反对者展开一番激烈的论战。"这一次，丘吉尔没有选择站出来，而是继续自己的演说，这也就意味着，"他终于开始暴露自己疲惫虚弱的一面了"。

尽管外界要求丘吉尔辞职的呼声一浪高过一浪，为了未竟的心愿，他仍旧固守在自己的岗位上。在安东尼·艾登的催促下，丘吉尔做出了承诺，他将在1954年9月辞职。随后，在8月份，丘吉尔改变了主意，他决定留任到1955年，同时还通知哈罗德·麦克米兰，自己将参加在1955年11月举行的大选。

最后的告别

1955年春天，丘吉尔的政治生涯终于迎来了最后的谢幕。3月份的时候，丘吉尔私下向安东尼·艾登承诺，将在4月5日辞职。5天后，在3月13日，丘吉尔有了一次新的施展抱负的机会——英美伦敦会议，这是一次探索缓解冷战紧张局势的契机，受此鼓舞，丘吉尔决定收回对艾登的承诺，要坚持到实现愿望的时刻。

艾森豪威尔此前与丘吉尔在1954年6月的一次会晤中，最后表示愿意与苏联人会谈。但在1955年3月16日的美英峰会中，丘吉尔得知，无论是美国总统艾森豪威尔，还是坚决站在反苏立场上的美国国务卿约翰·福斯特·杜勒斯，都无意于和苏联进行谈判。同样地，苏联方面也做出了类似的举动。3月30日，马林科夫的继任者尼古拉·布尔加宁在苏联全国大会上向民众陈述了对美国的敌意，从而也关闭了通往谈判的大门。

这是一切的结束，丘吉尔的努力最终宣告失败，他的政治生涯也走到了尽头。1955年4月4日，丘吉尔携夫人克莱门汀在唐宁街10号首相官邸为英国女王伊丽莎白二世和她的丈夫爱丁堡公爵举办了

一个告别晚宴。翌日，丘吉尔驱车前往白金汉宫，在那里他正式向女王递交辞呈。安东尼·艾登如愿以偿地接替丘吉尔出任首相。

一个非凡而又独特的职业生涯，最终落下了帷幕。在此期间，丘吉尔几乎坐遍了英国议会的高层位置。在近50年的位于权力中心的时间内，丘吉尔深刻理解了成功与挫折、憎恶和奉承。时代的步伐、国家的前途、民族的命运以及个人的坎坷交织在一起，绘成了一幅波澜壮阔、跌宕起伏的画卷。这一切辉煌的巅峰，是那战火纷飞的五年、不屈不挠的五年，丘吉尔领导的胜利为他成就的王冠上镶嵌了一颗最为璀璨的宝石。国家、人民的生存和胜利来之不易，民主和自由的精神弥足珍贵。

后座议员

对丘吉尔来说，退休显然比他想象的更加舒服。1955年5月下旬，在给美国的朋友伯纳德·巴鲁克的信中，丘吉尔写道："我现在很想停下来什么都不做，就那样静静地呆着。"政治，对于一个在政坛纵横捭阖半个世纪之久的老人来说，现在只是个消遣，而不再是生活的重心。他现在是议会里的一名后座议员，但仍然掌握着巨大话语权。丘吉尔与美国总统艾森豪威尔保持通讯联系，时任英国首相安东尼·艾登也会时常来询问他的意见。1955年5月的大选中，丘吉尔在他的伍德福德选区再次以绝对优势当选。丘吉尔再次现身下议院时，受到在场所有议员的热烈欢迎。议员们热情地挥舞着手中的文件，旁听席上迸发出震耳欲聋、经久不息的掌声。

丘吉尔走到每个地方，都有掌声和赞美相伴。1955年这一年，丘吉尔的雕像在伦敦落成；除此之外，他还获得贝尔法斯特和伦敦德里两座城市的荣誉市民称号。还是在这一年，丘吉尔因为对欧洲

对页图：这张官方的宣传照摄于丘吉尔八十岁生日当天。尽管丘吉尔不是英国议会中最年长的议员，但作为进入议会时间最长的议员，在1964年的时候，丘吉尔荣膺"下议院元老"的称号。

统一的特殊贡献荣获查理曼大帝奖章。1961年，丘吉尔成为美国荣誉公民，仅有的5名获此殊荣的外国人中的第一位。

丘吉尔依旧不改往日作风，查特韦尔还是宾客云集，人们发现他对于时事新闻了如指掌。1956年4月，丘吉尔作为安东尼·艾登和克拉丽莎·艾登的客人在唐宁街10号与尼克莱·布尔加宁及他的政治盟友赫鲁晓夫共进午餐。丘吉尔虽然没能实现撮合美国人和苏联人进行谈判，但在这次会谈中，他结识了日后在历史上留下浓重一笔的赫鲁晓夫。后来，丘吉尔对莫兰勋爵说起："俄国人很高兴见到我，安东尼告诉他们，是我打赢的第二次世界大战。"

丘吉尔退休后，在法国南部的保萨付待了很长一段时间，住在他的朋友埃梅里·雷沃家中。埃梅里和妻子温蒂都热衷于收藏艺术品，还是音乐的狂热爱好者。他们很热心地向丘吉尔展示他们的藏品。在给妻子克莱门汀的信中，丘吉尔写道："我穿梭于时间的长廊，和莫奈、马奈、塞尚以及诸多精通现代绘画艺术的大师神交……"

在法国期间，丘吉尔绘画、写作，完成了《英语民族史》一书的第四卷和最后一卷。丘吉尔还希望能在法国南部买下一座自己喜欢的"梦幻别墅"，但最终未能找到心仪的房子。

即使在退休的时候，丘吉尔也没能放松自己过

1956年2月17日，克莱门汀前往斯里兰卡的锡兰进行病后休养。克莱门汀晚年一直为疾病所困扰，因而丘吉尔十分关注她的健康状况。

去那种疯狂的生活节奏。他不停地飞行，体验各种各样的活动。1956年10月19日在保萨，他再次付出了代价，他又一次摔倒了，昏了过去，不省人事地在地上躺了20分钟。

苏伊士危机

　　1956年10月28日，尽管仍在病中，丘吉尔坚持回到英国，这时英国国会因为苏伊士危机争吵不休，乱成一团。在7月26日，埃及总统宣布苏伊士运河公司收归国有，埃及政府对该公司拥有绝对的控制权。此举引起英国、法国和以色列人的不满，三国决定出兵埃及。但美国和苏联强烈反对三国出兵攻击埃及的行为。约翰·科尔维尔问丘吉尔："如果你是首相，你会怎样做？"丘吉尔回答道："我绝不会做出这种决定，但如果我做了，那就会执行到底。"

1958年9月12日，丘吉尔和克莱门汀在法国维埃拉的凯博·戴尔庆祝两人的金婚纪念日。丘吉尔的儿子伦道夫（左）和伦道夫的第二任妻子琼·奥斯本以及他们9岁的女儿阿拉贝拉也一起参加。

1949年7月21日，关于柏林空运

　　我对这一系列事件感到非常震惊！震惊于全体德国人对空运的关注，震惊于苏联人打算饿死250万德国人的做法。这一系列事件，比欧洲所有和平领导人的所有演说都更加有价值，它让德国人真正看到了自己的命运所系：他们真正的命运就是与西方民主国家展开和平、真诚、相互尊重的联系……

　　对于安东尼·艾登来说，苏伊士危机带来的后果非常严重。艾登犯了英国首相能犯的最大错误，他不经议会通过，便派出军队参战。艾登为了首相的位置，努力了数十年，但如今不得不在漫天的抗议和批评声中早早交出权力。1957年1月，安东尼·艾登被迫辞职。

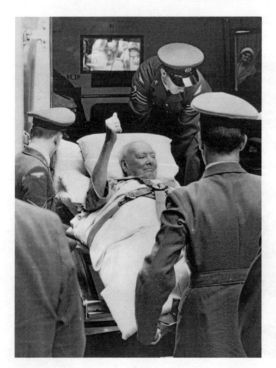

每况愈下

　　1958年，丘吉尔又得了肺炎，这一次他发烧了三次，虽然最后康复了，但明显能感受到身体的虚弱。他不能再继续激情昂扬地在下议院与反对派激辩。1958年、1959年以及1963年，

在蒙特卡洛休假期间，87岁高龄的丘吉尔不慎摔断了大腿，回到了英国。照片中那样轻松的姿态是在镜头前装出来的，丘吉尔拒绝在法国医院接受治疗，他坚持说："我想死在英国。"英国皇家空军专门派出一架"彗星"飞机接丘吉尔回家。

1964年11月30日，丘吉尔90岁生日前夜，一大群伦敦市民自发聚集到丘吉尔在海德公园的家门口，为他献上一首歌——《他真是个大好人》。

丘吉尔三次中风，幸运的是这三次的症状都不严重，但1962年在蒙特卡洛的那次摔伤让丘吉尔元气大伤。当时丘吉尔摔断了股骨，但他拒绝在法国住院就医，坚持要回到英国。英国皇家空军专门派遣"彗星"飞机接他回国。面对来接自己回国的家乡父老，丘吉尔精神振奋地打出了那个在战争期间经典的"V"字手势。

尽管丘吉尔依旧斗志昂扬，但终究抵不过岁月的流逝。哈罗德·麦克米兰（安东尼·艾登之后继任英国首相）在自己的日记中写道："这一次他没有多说什么，这是他第一次在边上静静倾听。这样的情景不禁让人感到难过，因为这标志着丘吉尔真的已经老去，真的已经失去了战斗力。"

1963年10月，丘吉尔的长女戴安娜自杀了，结束了可怜的一生。她的一生非常悲惨，她经历了两次失败的婚姻，并且饱受神经衰弱和抑郁症的折磨。丘吉尔的小女儿玛丽将这一不幸的消息告诉了父亲。她在日记中记录了父亲的反应："父亲慢慢了解了我告诉他的事情，然后静静地坐着，望着远方一言不发，陷入了一种沉思的状态。"

漫挥天下泪

1964年7月27日，丘吉尔坐着轮椅最后一次来到议会下院。周围的人都很清楚，他的光芒已经褪去。1965年1月10日，丘吉尔遭受了人生中最后一次也是最严重的一次中风。1月24日，在克莱门汀和三个孩子的陪伴下，丘吉尔度过了生命中的最后一天。一代伟人就此溘然长逝。怀念的悼词像雪花一样从世界各地传来。教皇保罗六世称赞他为"为自由而战的不知疲倦的战士"，英国女王伊丽莎白二世将其誉为"我们这个时代最伟大的英国人"。

自1852年威灵顿公爵之后，英国首次为一位下议院议员举行国葬。葬礼早在几年之前就已经有了规划，到了这不得不到来的一天只是按部就班地执行。丘吉尔的葬礼通过电视向全世界直播，在欧

在举办完葬礼后，丘吉尔的棺椁被放在"海文格"号驳船上沿着泰晤士河运往墓地。沿河的巨型起重机都把吊钩浸入水中，以示对伟人的尊重。

温斯顿·丘吉尔爵士和夫人（死于1977年）的墓碑。在伦敦举行葬礼后，人们遵从丘吉尔的遗愿，将他安葬在牛津郡安静的布雷顿墓地。

洲就有超过3.5亿人为其哀悼。丘吉尔的棺椁在最古老也最具有历史意义的威斯敏斯特教堂里停放了三天，在这三天时间内，共有超过30万人从世界各地赶来以最后一次辞别丘吉尔。丘吉尔的葬礼在圣保罗大教堂举行，参加葬礼的6000名哀悼者中包括女王伊丽莎白二世。女王的出现也打破了英国王室的传统，此前国王只参加王室成员的葬礼。另有5位君主，15位国家元首和89位各国代表前来参加葬礼。葬礼结束后，在悲哀的小号声中，仪仗兵缓缓抬起丘吉尔的棺椁，抬到停在街道上的一架马车上。自发前来送行的群众挤满了伦敦的街道，无论男女老幼，尽皆洒泪。

　　丘吉尔的棺椁被马车拉到泰晤士河边，装到驳船上，运往节日码头，再沿河开往滑铁卢车站，在那里由火车载至牛津郡，安葬在布雷顿公墓。丘吉尔最终和父母以及早逝的弟弟约翰葬于一处。这是温斯顿·丘吉尔落叶归根的地方，不远处就是布莱尼姆宫，那是丘吉尔出生的地方，一座将18世纪的辉煌延续至今的宫殿。

后 记

　　在丘吉尔逝世近40年后的2002年，由英国广播公司发起的"史上最伟大的英国人"调查中，丘吉尔高居榜首。尽管他一生中犯过错误，尽管他有着傲慢的缺点和怪癖，尽管在英国议会中保守派和工党都不待见他，但随着岁月的流逝，这些都随风远去，沉淀下来的，是丘吉尔如金子般的品格和民众发自内心的崇敬。

　　丘吉尔的政治生涯经历了两次大起大落。但无论何时，他对逆境的蔑视都时刻保持在脸上，他对英国终将胜利的信心，他那鼓舞人心的战时演说，激励了无数的国民在第二次世界大战最严酷的黑暗时刻振作起来继续战斗。时至今日，丘吉尔痛恨暴政，为民主、自由以及人权而献身的精神依旧能引发无数人的共鸣。

　　丘吉尔的伟大和对历史的影响，在1955年他的儿子伦道夫写给父亲的信中得到了最完美的诠释："权力终会消失，唯有在公正地行使权力的过程中获得的荣耀永存！这样的荣耀是靠天赋、勤奋、勇气和献身精神积累起来的。这样的荣耀将永远铭刻在记录你成就的不朽丰碑上，永远不会被磨灭，永远不会失去光芒，并将世代流传！"